Protestantismo en América Latina

Pablo Deiros

CARIBE

Un Sello de Editorial Caribe

© 1997 EDITORIAL CARIBE
Una división de Thomas Nelson, Inc.
P.O. Box 141000
Nashville, TN 37214-1000, EE.UU.
E-Mail: 76711.3125@Compuserve.com

ISBN: 0-89922-295-1

Reservados todos los derechos.
Prohibida la reproducción total
o parcial de esta obra sin la debida
autorización de los editores.

Impreso en EE.UU.
Printed in U.S.A.

CONTENIDO

Prólogo 7
Introducción 9

1. ¿De dónde hemos venido?

El ingreso del protestantismo 16
El período de 1808 a 1825 17
El período de 1825 a 1850 19
Desarrollo dependiente 20
Dependencia política y económica 21
Dependencia cultural 22
Las vías de ingreso 24
Los inmigrantes protestantes 24
Las sociedades bíblicas protestantes 26
Las misiones protestantes 29
Extranjeros y advenedizos 31

2. ¿Cómo nos hemos desarrollado?

Diversos y divididos 37
Crecimiento de las ciudades latinoamericanas
   más grandes: 38

Un protestantismo y diversas formas 39
Diversas formas y un protestantismo 51
Un talante anabautista y fundamentalista 53
Un talante anabautista 53
Un impulso fundamentalista 55

3. ¿Cuál ha sido nuestro perfil?

Comprometidos y descomprometidos 60
El descompromiso evangélico 61
Formas de compromiso evangélico 66
Defensores de la fe y predicadores de la verdad 70
Una evangelización combativa 70
Celo por el evangelio 72
Un evangelio limitado y un evangelio integral 74
Énfasis individualista 75
Postergación escatológica 78

4. ¿Dónde estamos?

De iglesias regionales a una iglesia mundial 83
De un crecimiento esporádico a un avivamiento global 87
De iglesias estáticas a iglesias que cambian 93
Revolucion misionológica: un cambio de eje 94
Revolución teológica: un cambio de cosmovisión 97
Revolución eclesiológica: un cambio de relaciones 100
Revolución praxiológica: un cambio de actitud 108

5. ¿Hacia dónde vamos?

De un protestantismo moderno a un protestantismo
   posmoderno 112
De un protestantismo denominacional a un protestantismo
   posdenominacional 114
De un protestantismo rural a un protestantismo urbano 116
Las cinco ciudades más populosas de América Latina,
   1990-2000 117
Proyección de las megaciudades en las Américas 118

De un protestantismo histórico a un protestantismo
   pentecostal y carismático   120
De un protestantismo burgués a un protestantismo pobre   123
De un protestantismo foráneo a un protestantismo
   autóctono   126
De un protestantismo institucional a un protestantismo
   del Reino   127
De un protestantismo introvertido a un protestantismo
   protagonista   128
De un protestantismo minoría a un protestantismo
   mayoría   131
De un protestantismo secularizado a un protestantismo
   espiritualizado   132
Conclusión   135

6. ¿Cómo estamos yendo?

Nuevos movimientos en marcha   142
Una nueva respuesta   143
Un nuevo yo   149
Una nueva síntesis   150
La nueva cultura en gestación   152
La necesidad de una nueva estrategia   153
Consideraciones críticas de las presentes estructuras   154
Síntesis de las necesidades de las iglesias   158
Propuesta de una nueva estrategia operativa   164

7. ¿Qué podemos esperar?

Los dos crecimientos   168
El crecimiento de ayer   170
El segundo crecimiento   173
Las dos lluvias   180
Las lluvias y su significado   182
Las lluvias y su desafío   184
Los dos avivamientos   187
El avivamiento satanista   187
El avivamiento del Espíritu Santo   189

PRÓLOGO

El impresionante desarrollo del testimonio evangélico en el continente latinoamericano, durante el último siglo y medio, no ha ido acompañado de un adecuado análisis de los factores históricos que ayudan a comprenderlo. De hecho, hasta años muy recientes, no se han producido materiales que consideren con seriedad académica y profesional la evolución histórica del protestantismo en América Latina. Desde una perspectiva evangélica, mi libro *Historia del cristianismo en América Latina* Fraternidad Teológica Latinoamericana, Buenos Aires, 1992 representa un caso bastante singular y una labor de carácter pionero en su género.

Mucho menos se han elaborado ensayos interpretativos de este desarrollo histórico del protestantismo, como tampoco se han realizado trabajos para entender el flujo de la realidad presente. Quizás por carecer de estos estudios fundamentales tampoco se conocen intentos por adentrarse en el futuro, para tratar de imaginar sobre bases ciertas cuáles son las tendencias más importantes en el desarrollo del protestantismo latinoamericano y cuál puede ser su realidad entrando en el siglo XXI.

En los últimos años he desarrollado algunas ideas bastantes concretas sobre estas cuestiones, que en el presente libro las quiero compartir con todos los interesados en leerlo. Dado el éxito editorial de mi *Historia del cristianismo* y de mi libro más reciente junto con Carlos Mraida, *Latinoamérica en llamas* Caribe, Miami, 1994, considero que el presente libro responde a un interés creciente por parte del lector evangélico de conocer su realidad pasada, presente y futura. El clima de efervescencia espiritual, crecimiento numérico, inserción en la sociedad, creciente influencia política, y mayor visibilidad social que parece caracterizar al protestantismo latinoamericano de hoy, demandan de estudios como este para estimular la reflexión y orientar muchos de estos desarrollos.

Este libro está orientado precisamente a eso: ayudar al creyente evangélico latinoamericano a pensar en su realidad, desde su compromiso de fe, y asumirla con total responsabilidad de cara al siglo XXI y con una gran expectativa escatológica. La lectura de este libro, como continuación de *Latinoamerica en llamas*, agregará un elemento significativo para la reflexión y la práxis evangélica de todos aquellos lectores interesados y deseosos de continuar su reflexión sobre la marcha del Evangelio en América Latina.

El lector hará bien en tener en cuenta que se trata de una colección de ensayos, escritos en diferentes momentos, si bien en respuesta a una inquietud común: responder a los interrogantes básicos de dónde venimos, dónde estamos, y hacia dónde vamos los evangélicos en el continente latinoamericano.

INTRODUCCIÓN

La presencia de las iglesias evangélicas en América Latina hoy es una realidad incuestionable y un hecho histórico irreversible. A pesar de los muchos conflictos por los que ha atravesado el continente a lo largo de toda su historia, y especialmente en los últimos veinticinco años, el testimonio evangélico ha ganado no solo visibilidad social, sino que también ha crecido notablemente en cuanto a su número. La multiplicación de iglesias y de creyentes a lo largo y a lo ancho del continente sigue a un ritmo firme y constante, aun en situaciones de grandes crisis. En 1900 había unos 50.000 protestantes en el continente. Este total fue creciendo de manera vertiginosa: 1 millón en 1930, 5 millones en 1950, 10 millones en 1960, 20 millones en 1970, 50 millones en 1980, y se espera un total de 137 millones para fin del siglo. La tasa anual de crecimiento es superior al 10%, lo que significa que el protestantismo crece por lo menos tres veces más rápido que la población en general.

En medio de la devastación producida por la violencia desatada en El Salvador, la presencia evangélica creció durante la década de 1980. Esta nación centroamericana con 5 millones de habitantes en aquel entonces, experimentó tremendos conflictos y derramamientos de sangre durante esa década. Miles de salvadoreños abandonaron el país, o se quedaron para vivir en él sumidos en temor. No obstante, la población protestante de unos 250.000 creyentes manifestó signos de avivamiento. Las iglesias locales afiliadas a la Misión Centroamericana, por ejemplo, tuvieron una tasa de crecimiento del 30% durante 1980, en comparación con un incremento de solo el 4% en 1979. En 1993, el 21% de la población salvadoreña se confesaba evangélica, y se espera que en 10 años este porcentaje se duplique.

En El Salvador, los convertidos provienen de todos los niveles de la sociedad, incluso ex-guerrilleros, oficiales del ejército y soldados. En solo cinco años (1980-1985) las iglesias de las Asambleas de Dios crecieron de 20.000 a 80.000 miembros. Hacia fines de la década de 1980, las Asambleas de Dios tenían una membresía estimada en unos 100.000 miembros, tanto en iglesias de origen misionero como nacionales. Estos creyentes constituían casi la mitad del total de la población protestante salvadoreña de aquel entonces. Otros grupos evangélicos de gran crecimiento fueron bautistas independientes, pentecostales unidos, pentecostales apostólicos y las iglesias de la Misión Centroamericana.[1]

A través de toda América Central durante los años de 1980, numerosas organizaciones se dedicaron a una evangelización profunda. Enormes esfuerzos se hicieron durante estos años para saturar con el evangelio a los países centroamericanos. Estos emprendimientos estuvieron acompañados con una gran inversión de personal y recursos económicos. Para 1979 había más de 53.500 misioneros foráneos norteamericanos trabajando en la región, vinculados con agencias que invirtieron alrededor de $1.200 millones de dólares en sus proyectos misioneros.[2] La mayor parte de

---

[1] Ver, Garry Parker, «Evangelicals Blossom Brightly Amid El Salvador's Wasteland of Violence», *Christianity Today*, 25, 8 de mayo de 1981, p. 34.

[2] Samuel Wilson, ed., *Mission Handbook: North American Protestant Ministries Overseas*, Missions Advanced Research and Communication Center, Monrovia, CA, 1981, pp. 29-30.

estos misioneros eran representantes de las agencias más conservadoras y fundamentalistas del espectro evangélico. Sus métodos de evangelización más característicos fueron las cruzadas evangelísticas, la visitación o testimonio puerta a puerta, los programas radiales y algunos programas de asistencia social.

En 1979, los evangélicos nicaragüenses constituían el 3.2% de la población, pero en 1983 ya eran más del 12%. En 1993, Nicaragua contaba con un 17% de su población que se confesaba protestante, y se espera que el porcentaje se duplique en menos de 8 años. Guatemala tiene desde hace varios años el título de ser el país con el mayor porcentaje de evangélicos en su población (24 a 25%). Si la presente tasa de crecimiento continúa, para fines del siglo será el primer país en tener por lo menos la mitad de su población evangélica. En un solo año, las Asambleas de Dios en Guatemala crecieron un 44%. En los últimos quince años la Iglesia de Dios (Cleveland, Tennessee) ha plantado en Guatemala un promedio de una iglesia cada cinco días, y ha estado haciendo lo mismo en Costa Rica durante los últimos diez años.[3]

En América Central solamente, los cristianos evangélicos no eran más que 30.000 hace cincuenta años atrás; para 1990, habían crecido en número hasta cerca de los 6 millones, o aproximadamente un 20 % de los 35 millones de personas en la región. Estos evangélicos están organizados en más de 650 grupos independientes, y en 120 denominaciones protestantes identificables y separadas. En Guatemala solamente estos grupos representan un alto porcentaje de la población, o sea, alrededor de 2 millones de personas.

Lo que es cierto en relación con el pueblo evangélico en general, es también cierto respecto de numerosísimas congregaciones locales en particular. La iglesia que pastoreo fue fundada en el corazón de la ciudad de Buenos Aires en 1883.

---

[3] C. Peter Wagner, *Spiritual Power and Church Growth* Strang Communications, Altamonte Springs, FL, 1986, p. 29.

En 1986, cuando con el pastor Carlos Mraida comenzamos nuestro ministerio como equipo pastoral, la congregación contaba con 350 miembros. Hoy la iglesia ha crecido a una membresía de alrededor de 2.000 miembros, y se ha expandido en más de diez otras congregaciones en varios lugares de Argentina.

Durante décadas, la iglesia local evangélica más grande del mundo estuvo ubicada en América Latina: la Iglesia Metodista Pentecostal de Jotabeche, en Santiago, Chile. Hacia 1970, cuando la segunda congregación más grande del mundo tenía 15.000 miembros, la de Jotabeche tenía 60.000. En los últimos años, otras congregaciones de gran desarrollo en Corea y Brasil han desafiado a la iglesia chilena, que si bien ha superado actualmente los 650.000 miembros, ocupa un segundo lugar en cuanto a tamaño.[4]

La tercera congregación más grande del mundo también se encuentra en América Latina. Se trata de la Congregación Cristiana en San Pablo, Brasil. Esta iglesia cuenta con más de 80.000 miembros y el liderazgo de casi 1.000 ancianos (pastores laicos). También en Brasil está la octava iglesia más grande del mundo, la congregación de la Asamblea de Dios de Madureira, en Río de Janeiro, con más de 20.000 miembros. Otra iglesia brasilera de enorme tamaño es la fundada por el pastor Manoel de Melo bajo el nombre Brasil para Cristo, en San Pablo. Esta iglesia tiene más de 300 congregaciones satélites y en su sede central se reúnen unas 15.000 personas por culto.[5] En Argentina, Omar Cabrera fundó en 1979 un movimiento evangelístico llamado Visión

---

[4] John N. Vaughan, *The World's Twenty Largest Churches*, Baker, Grand Rapids, 1986, p. 210. Véase también David P. Barrett, *World Christian Encyclopedia: A Comparative Study of Churches and Religion in the Modern World*, Oxford University Press, Nueva York, 1982, p. 229; y Vinson Synan, *In the Latter Days: The Outpouring of the Holy Spirit in the Twentieth Century*, Servant Books, Ann Arbor, MI, 1984, pp. 20-21.

[5] *Ibid.*, 21; Vaughan, *The World's Twenty Largest Churches*, pp. 237-260. Véase un cuadro comparativo en p. 22.

de Futuro, que cinco años más tarde involucraba a 135.000 creyentes en 35 centros de predicación.[6]

Algunas denominaciones han experimentado un desarrollo notable en América Latina. Esto es particularmente cierto en relación con los pentecostales y los carismáticos, que en pocos años han superado el fantástico crecimiento del protestantismo en general. Hacia 1950 se estimaba que un 25% de los protestantes latinoamericanos eran pentecostales o carismáticos. Pero hoy se estima que más del 75% lo son. En otras palabras, tres de cada cuatro protestantes en América Latina son pentecostales-carismáticos. Chile es el país con el mayor porcentaje de pentecostales dentro del protestantismo (90%). Se estima que hay más de 20 millones de evangélicos en Brasil. Las Asambleas de Dios solamente contaban con más de 6 millones de miembros en 1980, y para 1984 ya eran 9 millones. Durante esos cuatro años su crecimiento fue de 2.700 nuevos miembros por día.[7]

El crecimiento e impacto de los evangélicos en nuestro continente ha alcanzado un grado tal, que algunos estudiosos del paisaje religioso latinoamericano se preguntan si América Latina no está abandonando su catolicismo romano tradicional y se está haciendo protestante.[8]

Realmente, como indican los casos y estadísticas citados, el cristianismo evangélico se ha transformado en un impactante poder religioso en América Latina. En términos de la afiliación religiosa, el crecimiento reciente de los grupos evangélicos ha sido fenomenal. La población actual de América Latina es de alrededor de 490.000.000 de personas, de las que más de 75 millones pertenecen a iglesias evangélicas. Penny Lernoux informaba en 1988 que «cada hora 400 latinoamericanos se convierten a los pentecostales u otras iglesias fundamentalistas o evangélicas», y predecía

---

[6] Wagner, *Spiritual Power*, p. 28.
[7] *Ibid.*, pp. 26-27.
[8] David Stoll, *Is Latin America Turning Protestant?: The Politics of Evangelical Growth*, University of California Press, Berkeley, CA, 1990.

que para fines de los años de 1990, en los países más suceptibles a la actividad misionera cristiana protestante, tales como Guatemala, la mitad de la población pertenecería al espectro de las iglesias evangélicas.[9]

Estas observaciones generales tienen mucho que ver con el pasado, el presente y el futuro del testimonio evangélico en el continente. En los ensayos que siguen pretendo abordar cuestiones relacionadas con estas tres dimensiones temporales, desde una perspectiva histórica. Obviamente, por tratarse de ensayos, expreso en ellos mis conclusiones o interpretaciones personales. De ningún modo, estos análisis pretenden ser exhaustivos y mucho menos definitivos. Soy historiador, y como tal, gozo del singular privilegio de mi profesión de no ser dogmático ni categórico en mis conclusiones. Cuanto más conocemos de lo acontecido, tanto más aprendemos la necesidad de abordar la realidad humana con humildad y una alta dosis de elasticidad. Así, pues, lo que aquí presento es más bien algunas ideas que comparto con mis lectores, para su análisis y evaluación por todo aquel que esté interesado en el tema. Es mi deseo que estas páginas sirvan para arrojar luz sobre nuestra comprensión de la maravillosa riqueza que nos pertenece como parte del pueblo del Señor en América Latina. Y que el conocimiento del pasado nos ayude a una mejor comprensión del presente, a fin de que estemos en mejores condiciones de asumir el futuro.

Pablo A. Deiros
Profesor de Historia de la Misión en Fuller Theological Seminary, Pasadena, California, Estados Unidos
Profesor de Historia del Cristianismo en el Seminario Internacional Teológico Bautista, Buenos Aires, Argentina
Pastor de la Iglesia Evangélica Bautista del Centro, Buenos Aires, Argentina.

---

[9] Penny Lernoux, «The Fundamentalist Surge in Latin America», *The Christian Century*, 20 de enero de 1988, p. 51.

CAPÍTULO 1

¿DE DÓNDE HEMOS VENIDO?

Una de las características más notables de la historia religiosa de América Latina, anterior a la edad contemporánea, ha sido la permanencia y estabilidad de la Iglesia Católica Romana. A lo largo de todo el período colonial (1492-1808), la Iglesia permaneció sin sufrir desafíos y se mantuvo firme en su dominio monolítico de la religión pública. Después de integrar las prácticas cúlticas de los indígenas locales de tiempos precolombinos al ritual católico, los oficiales de la iglesia insuflaron el espíritu de la *romanitas* en las estructuras de la administración colonial española y portuguesa. La cristianización sumaria del continente fue una empresa ciclópea, que contó con la poderosa asociación constantiniana de la Iglesia y el Estado.

La hegemonía cultural católica se transformó, de este modo, en un hecho inevitable de la realidad. Es por eso que pasaron tres siglos entre el comienzo de la evangelización católica romana y la introducción del cristianismo protestante en estas tierras. Fuera de casos aislados, la penetración protestante no comenzó hasta el primer tercio del siglo XIX.[1]

El ingreso del protestantismo

Durante el siglo XVIII, el poder y la influencia española en América Latina fue decayendo rápidamente. En muy pocos años, España perdió casi todas sus colonias en el continente. Así, emergieron nuevas estructuras políticas, que introdujeron a la región en una nueva etapa de su historia. No obstante, el proceso de independencia en América Latina fue más una consecuencia que un resultado. Las guerras por la emancipación fueron más las batallas de la oligarquía criolla por liberarse del monopolio español, que la búsqueda por parte del pueblo de su propia identidad.[2] Esta es la razón por la que, no teniendo suficiente madurez histórica para asumir su libertad, las nuevas naciones cayeron bajo el control de otro imperio: Inglaterra.[3]

De esta manera, América Latina entró a la era independiente en una condición de subdesarrollo y dependencia. Toda la estructura de la cultura, la economía, la política y la religión misma habían dependido siempre de un centro en ultramar. Y esto continuó casi igual después de la emancipación, si bien con un cambio de dueño.[4]

---

[1] Pablo A. Deiros, *Historia del cristianismo en América Latina*, Fraternidad Teológica Latinoamericana, Buenos Aires, 1992, pp. 587-588.

[2] Pierre Chaunu, *Historia de América Latina*, EUDEBA, Buenos Aires, 1964, pp. 61-70.

[3] Israel Belo de Acevedo, *As cruzadas inacabadas:introducâo à historia da Igreja na América Latina*, Gemeos, Río de Janeiro, 1980, pp. 87,90; Chaunu, *Historia de América Latina*, p. 79.

[4] Véase *Ibid.*, pp. 86-88, sobre la actitud de Inglaterra y Estados Unidos hacia las nuevas repúblicas. Véase también Enrique D. Dussel, *Desintegración*

El período de 1808 a 1825

Los años de 1808 a 1825 representaron un período de serias dificultades para la Iglesia Católica Romana en América Latina. A fines del período colonial la Iglesia estaba sufriendo una situación de gran debilidad, tanto política como institucional.

La oposición al gobierno político español y la ruptura con su poder colonial tuvo consecuencias religiosas.[5] Como afirma Edward Norman: «Los hombres que llevaron a cabo el movimiento de la independencia a principios del siglo pasado estaban empapados con las ideas del Iluminismo europeo. Ellos eran los parientes intelectuales de aquellos que, en la Francia revolucionaria y en los nacientes Estados Unidos, habían considerado como artículo de razón política proveer para la separación de la Iglesia y el Estado».[6]

Sin embargo, la Iglesia Católica sobrevivió, no tanto porque fuese fuerte, sino porque alguna religión era necesaria para el control social y para el fortalecimiento de la fibra moral y espiritual de las nuevas naciones. Pero, además, la Iglesia Católica sobrevivió porque no había otros competidores religiosos que pudiesen ofrecer una alternativa.

No obstante, el avance de las ideas liberales provenientes de Francia y la creciente influencia política y económica de las potencias anglo-americanas favorecieron la penetración del protestantismo. Más de cincuenta años antes de que Max Weber desarrollara su famosa tesis sobre el protestantismo

---

de la cristiandad colonial y liberación: perspectiva latinoamericana, Ediciones Sígueme, Salamanca, 1978, pp. 63-64; e Idem, *América Latina: dependencia y liberación*, Fernando García Cambeiro, Buenos Aires, 1973, pp. 212-214.

[5] J. Lloyd Mecham, *Church and State in Latin America: A History of Political-Ecclesiastical Relations*, ed. rev., University of North Carolina Press, Chapel Hill, N.C., 1966, pp. 51-54.

[6] Edward Norman, *Christianity in the Southern Hemisphere: The Churches in Latin America and South Africa*, Clarendon Press, Oxford, 1981, p. 1.

y el espíritu del capitalismo, los liberales latinoamericanos ya consideraban como algo bien evidente que el protestantismo era mucho más compatible con el capitalismo incipiente, que el catolicismo romano. Embebidos como estaban con las ideas de los economistas políticos británicos, estos liberales promovieron las nociones del individualismo autónomo y lo que ellos consideraban como una ética capitalista, en directa oposición a su catolicismo nativo. Estos líderes, pioneros de las nuevas repúblicas independientes latinoamericanas, estaban sumamente preocupados por el progreso y el avance material y moral de sus naciones, y consideraron como un prerrequisito esencial para ello la limitación drástica de la influencia católica. Se consideraba al catolicismo como una especie de resabio inadecuado de la Europa medieval, más orientado a un pasado retrógrado, que hacia la idea de progreso que por entonces cautivaba al mundo noratlántico.

De este modo, los líderes políticos liberales del siglo XIX apoyaron tácitamente la introducción del protestantismo, en razón de su compromiso ideológico con el movimiento liberal-modernista internacional y su concomitante sistema económico, el capitalismo. Estos liberales veían en el protestantismo un aliado con el cual confrontar el orden regalista y clerical heredado de España, y miraban a los países protestantes como sus modelos políticos. Los Estados Unidos, una nación sin una iglesia establecida y con una religión que parecía alentar la razón y el individualismo, eran considerados como un monumento al exitoso repudio del autoritarismo dogmático y clerical. A su vez, la gran nación del norte proveía de un modelo atractivo en cuanto a la asociación de la empresa capitalista con la libertad política.[7]

---

[7] José Míguez Bonino, *Doing Theology in a Revolutionary Situación*, Fortress Press, Filadelfia, 1975, pp. 11-12; Idem, «La actitud política de los protestantes en América Latina», *Noticiero de la Fe* 37, julio de 1972: 4; y Jean Pierre Bastián, *Breve historia del protestantismo en América Latina*, Casa Unida de Publicaciones, México, 1986, pp. 88. Cf. también

¿De dónde hemos venido?

No es extraño, pues, que en los primeros años de vida independiente, muchos gobiernos latinoamericanos apelasen a militares, educadores, científicos y técnicos provenientes de países protestantes y ellos mismos pertenecientes a esta confesión religiosa, para que los ayudasen a cumplir su sueño de progreso y vida independiente. Es así como educadores protestantes fundaron las primeras escuelas públicas, militares protestantes acompañaron a Simón Bolívar y José de San Martín en sus campañas de liberación, y otros protestantes organizaron observatorios, establecieron laboratorios, construyeron puertos, crearon bibliotecas y numerosas instituciones ligadas al desarrollo de la cultura y la ciencia.

El período de 1825 a 1850

Entre los años 1825 y 1850, hubo muchas batallas trágicas en las que las viejas estructuras coloniales fueron reemplazadas o bien renovadas, pero no cambiadas de raíz. Durante este período comenzó la configuración de los estados nacionales y creció el deterioro de la Iglesia Católica Romana. La independencia significó la destrucción del sistema del patronato, con lo cual la Iglesia perdió una buena parte del apoyo estatal. El clero era escaso y no hubo el arribo de nuevos contingentes misioneros desde Europa. El nivel de educación teológica decayó notablemente por falta de maestros y de libros, y, en consecuencia, declinó también el número de ordenaciones al ministerio. La Iglesia vio reducidos de manera drástica sus recursos económicos, y poco a poco cayó en descrédito y creciente impopularidad.[8]

Roberto Craig, Carmelo Alvarez y José Míguez Bonino, *Protestantismo y liberalismo en América Latina*, Departamento Ecuménico de Investigaciones, San José, Costa Rica, 1985; Belo de Acevedo, *As cruzadas inacabadas*, 95; Hans-Jürgen Prien, *La historia del cristianismo en América Latina*, Ediciones Sígueme, Salamanca, 1985, pp. 406-409.
[8] Dussel, *Desintegración de la cristiandad colonial*, pp. 181-184. Véase también Américo A. Tonda, *La iglesia argentina incomunicada con Roma*

Fue durante este tiempo de conflicto político en la primera mitad del siglo pasado, y con estas circunstancias adversas para la Iglesia Católica, que el protestantismo hizo su aparición en América Latina de manera más permanente. Con los choques entre la Iglesia y el Estado, que siguieron a la independencia, el poder de la Iglesia Católica Romana comenzó a desvanecerse, lo cual facilitó el ingreso del protestantismo y su penetración en América Latina. Durante este período, las relaciones de la Iglesia Católica Romana con el Estado estuvieron signadas por la acrimonia. Como celosa defensora del conservadurismo, la Iglesia se opuso firmemente al liberalismo y a sus exponentes británicos y norteamericanos que, no obstante, encontraron en muchos de los nuevos gobiernos latinoamericanos una bienvenida entusiasta. De este modo, la Iglesia perdió el apoyo de los Estados liberales, que, en un esfuerzo persistente por restringir la esfera de influencia de la religión, abolieron los diezmos, expropiaron las tierras de la Iglesia, y en algunos países, secularizaron las órdenes religiosas. Sin embargo, a pesar de todos estos problemas, el catolicismo romano retuvo la lealtad de las masas. Y en algunos países, los ajustes en las relaciones de la Iglesia y el Estado no llevaron a una separación completa. En estos casos, la iglesia continuó teniendo lazos estructurales con el Estado.[9]

Desarrollo dependiente

El período de la lucha por la independencia y la formalización de las repúblicas emancipadas dio lugar al período de la organización liberal de las mismas (1850-1930). Durante

---

(1810-1858): problemas, conflictos, soluciones, Editorial Castelvi, Santa Fe, Argentina, 1965; Pedro Leturia, *Relaciones entre la Santa Sede e Hispanoamérica*, 3 vols., Sociedad Bolivariana de Venezuela, Caracas, 1960; William J. Coleman, *Latin-American Catholicism: A Self-Evaluation*, Maryknoll Publications, Maryknoll, NY, 1958, pp. 14-19; y Mecham, *Church and State*, pp. 61-87, 416-418.
[9] Norman, *Christianity in the Southern Hemisphere*, pp. 7-13.

estas décadas, las diversas repúblicas latinoamericanas se fueron organizando como estados nacionales y dependientes de los centros de poder mundial. La inestabilidad política del período resultó en guerras civiles sangrientas. En razón de que la independencia había sido el resultado de la rebelión de las élites criollas, la masa de la población permaneció indiferente a los procesos de transformación. Además, las estructuras socio-económicas heredadas del período colonial permanecieron sin mayores cambios. Las masas continuaron marginadas en la periferia de la sociedad, mientras la élite liberal europeizada se constituía en la clase gobernante. La resistencia creciente de caudillos locales y rurales a las pretensiones de las élites metropolitanas llevó a un tiempo de gran inestabilidad.

Dependencia política y económica

Hacia mediados del siglo pasado los conflictos civiles internos casi habían terminado. Desde 1850 en adelante, estructuras políticas más estables se fueron constituyendo conforme las pautas ideológicas del liberalismo. Esto se hizo evidente en las constituciones nacionales de los Estados emergentes. Copiando la constitución de los Estados Unidos y siguiendo algunas de las teorías políticas que venían de Europa, las élites gobernantes redactaron las leyes básicas que dieron forma a las naciones latinoamericanas. Así se puso en marcha el proceso de secularización y descristianización del continente.[10]

---

[10] José Míguez Bonino, ed., *Polémica, diálogo y misión: catolicismo romano y protestantismo en América Latina*, Centro de Estudios Cristianos, Montevideo, 1966, pp. 26-31; Enrique D. Dussel, *Historia de la Iglesia en América Latina: coloniaje y liberación, 1492-1973*, 3ra ed., Editorial Nova Terra, Barcelona, 1974, p. 148. Sobre el proceso de secularización y descristianización, véase Gino Germani, *Política y masas en una época de transición*, Editorial Paidós, Buenos Aires, 1962, pp. 91-93; y John A. Mackay, *The Latin American Churches and the Ecumenical Movements*, National Council of the Churches of Christ

Durante este período, se llevó a cabo un nuevo acuerdo colonial entre América Latina y las potencias industriales del mundo.[11] Bajo este nuevo acuerdo, las nuevas naciones producirían las materias primas para los centros del poder industrial y alimentos para los países centrales del Hemisferio Norte. Los países dependientes, por su parte, servirían como consumidores de los productos manufacturados, que eran fabricados por las potencias industriales dominantes. El resultado fue una nueva dependencia (política, económica y cultural), que resultó de la expansión imperialista de las potencias centrales. Este estado de dependencia llevó incluso a intervenciones militares por parte de las potencias en algunas repúblicas latinoamericanas.

Dependencia cultural

La dependencia económica y política no fue el único resultado de la sumisión de América Latina a las potencias centrales. Hubo también una subordinación cultural. La civilización europea (y más tarde la norteamericana) llegó a fascinar a las élites latinoamericanas que idealizaron a esas culturas. Durante este período, las relaciones entre la Iglesia y el Estado continuaron su deterioro. La Iglesia se transformó en una celosa defensora del conservadurismo y se opuso firmemente al liberalismo.[12] En su afán apologista, llegó a oponerse a toda forma de progreso y desarrollo, apareciendo como negando los avances tecnológicos y

---

in the U.S.A., Committee on Cooperation in Latina America, Nueva York, 1963, p. 12.

[11] Dussel, *Historia de la Iglesia*, pp. 64-65; Chaunu, *Historia de América Latina*, pp. 91-94; Belo de Acevedo, *As cruzadas inacabadas*, pp. 121-124. Véase también Joseph Comblin, «Movimientos e ideologías en América Latina», en *Fe cristiana y cambio social en América Latina: encuentro de El Escorial, 1972*, ed. por Instituto Fe y Secularidad, Ediciones Sígueme, Salamanca, 1973, pp. 102-105.

[12] Dussel, *América Latina*, p. 214; Idem, *Desintegración de la cristiandad colonial*, pp. 123-124.

científicos de la época y en favor de un estilo de vida medieval y retrógrado.

En el campo de la filosofía, el positivismo encontró miles de adeptos en la oligarquía anticlerical y anticatólica. En reacción al avance liberal y el crecimiento del protestantismo, la Iglesia Católica reactivó su labor misionera, no para predicar la fe del Evangelio, sino para predicar una nueva versión de la vieja fe, un catolicismo europeo y romano. Hubo un intento, pues, por hacer del catolicismo romano algo contemporáneo y lo más parecido posible con el catolicismo europeo y romano de la segunda mitad del siglo XIX.[13]

Pero el espíritu revolucionario no podía ser parado. Hacia fines del siglo pasado, las tendencias liberales aumentaron y llevaron a muchos Estados a tomar medidas anticlericales, inclusive la separación de la Iglesia y el Estado. Cada vez más el Estado asumió resonsabilidades en áreas que tradicionalmente habían estado en manos de la Iglesia Católica, especialmente en materia de educación. Cuestiones que por siglos habían estado bajo el absoluto control de la Iglesia, bajo una fuerte sanción teológica y religiosa, pasaron al manejo del Estado. Los gobiernos liberales introdujeron así el registro y el matrimonio civil, y secularizaron los cementerios, quitándole de este modo a la Iglesia importantes medios de control social.

El protestantismo se benefició con estas medidas, ya que aprovechó para ofrecer un testimonio más dinámico y ocupar alguna parte del espacio dejado libre por el catolicismo, especialmente en materia educativa y en programas de acción social. Durante los últimos años del siglo pasado y los primeros del presente, se levantaron escuelas protestantes por todo el continente. Estas instituciones educativas respondieron a las pautas anglosajonas de educación y constituyeron verdaderos modelos de la tecnología más avanzada en el campo educativo. Generalmente estuvieron a cargo de docentes británicos o norteamericanos. Por eso, muchas escuelas

---

[13] *Ibid.*; Dussel, *Historia de la Iglesia*, pp. 175-177.

recibieron el nombre de Colegio Inglés o Americano, y se transformaron en canales efectivos no solo para la difusión de la cultura anglosajona, liberal y progresista, sino también para la divulgación del protestantismo histórico o troncal.

Las vías de ingreso

En razón de que fue plantado en un medio cultural y religioso hostil, el protestantismo se desarrolló muy lentamente durante las primeras décadas de su presencia en América Latina. Apareció en el continente a través de tres rutas. Al comienzo, fue una importación traída por inmigrantes europeos. Líderes tales como Bernardo O'Higgins en Chile, Domingo F. Sarmiento en Argentina y Benito Juárez en México vieron en el protestantismo un aliado contra la ignorancia y la superstición, y contra el poder excesivo del clero. Es por eso que estimularon el ingreso de inmigrantes europeos a sus países.

Así, pues, por razones ideológicas o prácticas, muchas de las nuevas naciones abrieron sus puertas a los protestantes. Algunas repúblicas concertaron tratados de «comercio y amistad» con naciones protestantes del hemisferio norte, en las cuales había una cláusula que aseguraba la tolerancia religiosa para los ciudadados de los países en cuestión. Muchos de estos tratados se subscribieron con Inglaterra, Alemania y los Estados Unidos. Esta tolerancia se fue extendiendo con el tiempo a todos los países latinoamericanos. A medida que las nuevas naciones iban organizándose política y administrativamente, sus cartas orgánicas o constituciones se redactaron en imitación de los modelos europeos o norteamericanos. Muchas constituciones latinoamericanas fueron una copia de la de Estados Unidos (1787), que establecía una gran tolerancia religiosa.

Los inmigrantes protestantes

Con leyes y garantías favorables en materia religiosa en la mayor parte de los países latinoamericanos, muchos inmigrantes protestantes se lanzaron a la aventura de explorar el Nuevo Mundo y encontrar fortuna en este continente. Ellos habrían de ser los pioneros de las principales denominaciones del protestantismo histórico o troncal en América Latina. Fueron ellos los que levantaron los primeros templos y organizaron las primeras comunidades evangélicas en el continente. Estas congregaciones fueron mayormente de carácter étnico. Conservaron su propio idioma y pertenecían a iglesias muy tradicionales y establecidas en sus países de origen. Por ello mismo, carecieron de celo misionero y evangelístico, con lo cual, con el tiempo, muchos abandonaron la fe simplemente por conveniencia o por carecer de un fundamento firme. Estos grupos gozaron de cierta tolerancia religiosa, pero no de una libertad religiosa amplia. Durante mucho tiempo, no se les permitió predicar en español o portugués, y sus actividades religiosas debieron limitarse a sus templos o lugares de reunión, muchas veces cerrados al público. En la mayor parte de los países latinoamericanos se les permitió solamente la celebración del culto de manera privada.

Para mediados del siglo XIX, docenas de grupos de origen inmigratorio se habían establecido en el continente. Los países que recibieron los mayores contingentes fueron Brasil y Argentina. En Argentina, por ejemplo, los luteranos alemanes llegaron en 1843 y muy pronto se afiliaron a la iglesia estatal prusiana en Europa. Hoy sus descendientes forman parte de la Iglesia Evangélica Alemana del Río de la Plata. Los valdenses, descendientes espirituales del mercader francés de Lyons, Pedro Waldo, arribaron al Uruguay desde Italia en 1856, pero en 1859 cruzaron el Río de la Plata para establecer colonias en Argentina. Hacia el sur, en el Valle del Chubut, un grupo de protestantes galeses se estableció en 1864, trayendo con ellos su propio pastor. En 1897 esta comunidad había crecido a 2.372 miembros. Estos inmigrantes tendieron a establecerse cerca los unos de los otros en orden a preservar su identidad étnica, cultural y lingüística. Estos grupos protestantes se formaron alrededor del fenómeno inmigratorio, e inevitablemente su religión tendió a presentarse ante sus ojos como una expresión o confirmación de su cultura de origen. Es por ello que, generalmente, no se comprometieron en ningún tipo de evangelización de la población nativa.[14]

Como señala Waldo Luis Villalpando:

> Para los inmigrantes la religión es un factor más, dentro de un complejo dramático de asimilación a las costumbres de otro país y de supervivencia del individuo y de la comunidad toda. Esto implica que los primeros miembros de las iglesias de inmigración llevan sobre sí la carga propia de todo inmigrante. Además se trata de inmigrantes europeos y no norteamericanos... El inmigrante se siente como «echado» de su propio país y ello implica en alguna medida llevar consigo una frustración que se manifiesta en el deseo de triunfar económicamente en el nuevo país o bien de volver a su nación de origen «para tomarse la revancha».

Las sociedades bíblicas protestantes

Una segunda vía de penetración del primer protestantismo en América Latina fue la obra de las sociedades bíblicas, británica y norteamericana. Muchos evangelistas viajaron a lo largo y a lo ancho del continente siguiendo un patrón común: «Primero una Biblia, luego un convertido, luego una iglesia».[15] En realidad, las primeras entidades que pensaron en América Latina como campo de evangelización fueron

---

[14] Waldo Luis Villalpando, ed., *Las iglesias del trasplante: protestantismo de inmigración en la Argentina*, Centro de Estudios Cristianos, Buenos Aires, 1970, pp. 16-17; Prien, *Historia*, pp. 716-721; Belo de Acevedo, *As cruzadas inacabadas*, 98-100. Cf. también John E. Baur, «The Welsh in Patagonia: An Example of Nationalistic Migration», *The Hispanic Historical Review* 4, 1954, pp. 468-492.

[15] William R. Read, Víctor M. Monterroso y Harmon A. Johnson, *Avance evangélico en América Latina*, Casa Bautista de Publicaciones, El Paso, TX, 1971, p. 42. Cf. también Prien, *Historia*, pp. 710-716; Belo de Acevedo,

¿De dónde hemos venido?

las sociedades bíblicas. Juan A. Mackay, en su libro *El otro Cristo español*, señala: «A la Sociedad Bíblica Británica y Extranjera pertenece el honor de haber introducido Sudamérica a la fuente perenne del pensamiento y la experiencia cristianos. Los nuevos cristianos aparecieron no con espada sino con la Biblia».[16]

Entre 1804 y 1807 la Sociedad Bíblica Británica y Extranjera publicó 20.000 ejemplares del Nuevo Testamento en portugués. Estos libros fueron distribuidos en su mayor parte en las poblaciones situadas a lo largo de la costa de Brasil, a través de comerciantes y marineros interesados en la difusión de las Escrituras. «Así empezó», como señala Mackay, «el trabajo de difusión de la Biblia, que según los mejores espíritus de Sudamérica, colma la más grande necesidad de la vida espiritual del continente».[17] Se puede afirmar, entonces, que «los primeros esfuerzos planeados por protestantes para la propagación del evangelio se realizaron mediante la introducción y difusión de la Biblia».[18]

Tanto la Sociedad Bíblica Británica y Extranjera como la Sociedad Bíblica Americana enviaron sus agentes de distribución, que en muchos países fueron los primeros protestantes en pisar esas tierras. Como señala un informe de 1878 de la Sociedad británica, los colportores bíblicos,

> ... son hombres que, a juzgar por sus informes, han probado y visto que el Señor es misericordioso, y se ocupan de la circulación de la Biblia, con la firme convicción de que de ese trabajo fluye una corriente santa para la limpieza y sanidad de las naciones, que Dios bendice para el bien de

---

As cruzadas inacabadas, pp. 96-97; y Creighton Lacy, *The Word Carrying Giant: The Growth of the American Bible Society (1816-1966)*, William Carey Library, South Pasadena, CA, 1977, pp. 115-123.

[16] Juan A. Mackay, *El otro Cristo español*, Casa Unida de Publicaciones, México, 1952, p. 231.

[17] *Ibid*.

[18] Sante Uberto Barbieri, *El país de El Dorado*, Editorial La Aurora, Buenos Aires, 1962, p. 38.

muchas almas. El celo y la fidelidad con que han trabajado y soportado las pruebas que han hallado, y los insultos que no pocas veces han tenido que soportar, merecen todo elogio. No es exagerado decir, que no estimaron su vida preciosa para ellos.[19]

Hacia mediados del siglo pasado, la Sociedad Bíblica Americana había distribuido más materiales bíblicos en América Latina, que en ningún otro lugar del mundo.[20] Para 1890, esta Sociedad Bíblica solamente ya había distribuido en el continente cerca de dos millones de ejemplares de las Escrituras (Biblias, Nuevo Testamentos y porciones bíblicas). La receptividad no fue positiva en todas partes, y en muchos países se prohibió la introducción y distribución de la Biblia. Obviamente, un catolicismo clerical, intimidador y celoso de mantener su hegemonía religiosa fue el primer obstáculo a la difusión de la Biblia. Sin embargo, «con el apoyo de cientos de misioneros evangélicos, con un creciente deseo de educación y libertad intelectual, y con una paciencia y determinación infinitas, América Latina se abrió a la Palabra de Dios».

La introducción y difusión de la Biblia jugó un papel destacado en el arraigo del protestantismo en América Latina. Generalmente, apareció la Biblia primero y, detrás de ella, un predicador evangélico, cuando no era el propio agente bíblico quien actuaba también como evangelizador. Y donde se distribuían Biblias, no fue raro que también surgieran pequeñas comunidades evangélicas. De esta manera, el trabajo de los colportores preparó el terreno para la penetración misionera, que llevó a cabo una evangelización más intensa.

---

[19] Citado en Juan C. Varetto, *Héroes y mártires de la obra misionera: desde los apóstoles hasta nuestros días*, 3ra ed., Junta de Publicaciones de la Convención Evangélica Bautista, Buenos Aires, 1934, p. 252.
[20] Lacy, *The Word Carrying Giant*, p. 115.

Las misiones protestantes

Una tercera vía de penetración, aunque más tardía, se abrió con el inicio de la actividad misionera patrocinada por las iglesias protestantes de Europa y los Estados Unidos. Muchas de las misiones llegaron tarde a los países de América Latina, porque las sociedades y agencias misioneras protestantes del período consideraban a nuestros países como ya cristianizados. Fue por esta razón que tan tarde como en 1910, el continente no fue incluido en la agenda de la Conferencia Misionera Mundial celebrada en Edimburgo. Sin embargo, las necesidades de la región se fueron reconociendo cada vez más, y en 1916 América Latina fue considerada oficialmente como un campo misionero en el Congreso de Obra Cristiana que se reunió en Panamá. Para entonces, los esfuerzos misioneros, si bien limitados, ya tenían unos sesenta años.[21]

Así, pues, sobre el rastro de los inmigrantes protestantes y siguiendo de cerca a los colportores de las sociedades bíblicas protestantes en su distribución de las Escrituras, llegaron a América Latina los primeros agentes misioneros europeos y norteamericanos. Básicamente, su objetivo fue el de evangelizar a la población nacional de religión católica romana y a las poblaciones indígenas no cristianizadas o altamente paganizadas, ignorantes del Evangelio.

¿Por qué razón vinieron estos misioneros a América Latina? Se pueden enumerar algunas razones. Primero, las misiones (especialmente las de origen norteamericano), se beneficiaron del nuevo papel que los Estados Unidos pasaron a desempeñar en el continente y su creciente expansión imperialista. Estos factores políticos y económicos favorecieron también la penetración religiosa del continente. Segundo, el vigor espiritual de las iglesias protestantes norteamericanas se manifestó en términos de su fuerza misionera

---

[21] Belo de Acevedo, *As cruzadas inacabadas*, pp. 97-98; Prien, *Historia*, pp. 761-769; Justo L. González, *Historia de las misiones*, Editorial La Aurora, Buenos Aires, 1970, pp. 327-439.

y expansiva, con el envío de agentes de sus sociedades o juntas misioneras recientemente constituidas como resultado del clima avivamientista. Tercero, los relatos de los viajes de los colportores de las sociedades bíblicas ayudaron a las iglesias protestantes norteamericanas a «descubrir» América Latina como un campo misionero.[22]

A medida que se fue tomando conciencia de la realidad moral y espiritual del continente, las iglesias y agencias misioneras protestantes de Europa y los Estados Unidos fueron tomando más en serio la necesidad de evangelizar el continente.

La historia de Guatemala refleja estos patrones. El período de reforma liberal alcanzó su zenit en América Central con el ascenso al poder, en 1871, de Justo Rufino Barrios en Guatemala, y con los liberales ya en el poder en El Salvador y Honduras. Barrios consideraba a los protestantes como aliados convenientes y oportunos contra la jerarquía católica y la oligarquía rural. Por eso, en 1873 invitó a la Iglesia Presbiteriana de los Estados Unidos a enviar agentes misioneros. Lentamente comenzó una nueva fase de la expansión protestante, a través del proceso de conversión más que del de inmigración, a medida que arribaron primero los misioneros presbiterianos y más tarde los metodistas, bautistas y adventistas del séptimo día.[23] Mediante procesos similares en otras partes, el protestantismo ganó una entrada firme en América Latina hacia fines del siglo pasado y, a través del establecimiento de iglesias e instituciones misioneras, comenzó a desarrollarse y a crecer en sus números.

En las primeras décadas del siglo XX, la penetración misionera protestante en América Latina ocurrió de manera más regular y efectiva, especialmente en las áreas urbanas. Con ello, el protestantismo latinoamericano fue adquiriendo poco a poco un perfil urbano, más cosmopolita y dinámico.

---

[22] Belo de Acevedo, *As cruzadas inacabadas*, p. 97.
[23] Débora Huntington, «The Prophet Motive», *NACLA: Report on the Américas* 18, n. 1, 1984, p. 5.

La organización de iglesias en las ciudades capitales y en los principales centros urbanos del país coincidió con el ingreso de nuevos contingentes inmigratorios y el aumento en el número de los agentes misioneros provenientes de Norteamérica. Muchas iglesias evangélicas históricas o misioneras experimentaron su mayor crecimiento en la primera mitad del presente siglo, en la década de los años de 1920.

Extranjeros y advenedizos

El protestantismo en América Latina ha sido, hasta años muy recientes, una religión de extranjeros y advenedizos. Al igual que el catolicismo romano, provenía de afuera del continente, de las potencias protestantes que dominaron el Atlántico norte, a partir de la caída del imperio español. Pero a su carácter foráneo se agregaba, como dificultad para su penetración, su aparición tardía en el continente latinoamericano. La fe evangélica llegó a las tierras hispanas, como se vio, después de varios siglos de dominio absoluto y monopólico del catolicismo romano.

El cristianismo en América Latina no tenía muchas posibilidades de alcanzar un desarrollo floreciente a partir de la Iglesia Católica Romana, que ostentó el control religioso exclusivo durante casi tres siglos y medio antes de la llegada del protestantismo. La Iglesia del período colonial se encontraba en una situación decadente en muchas partes y no podía producir en América Latina lo que el protestantismo había realizado en otras latitudes. La falta de vitalidad, la conformidad con una religiosidad meramente formal y ritualizada, la incapacidad para cumplir una tarea auténticamente evangelizadora, la carencia abrumadora de sacerdotes y obispos, la falta de medios materiales y la opresión del regalismo republicano de los diferentes países, se unieron a otros factores para llevar poco a poco a la Iglesia Católica a un estado de creciente parálisis.

Fue precisamente en una situación de estancamiento católico romano cuando apareció el protestantismo en el continente, para establecerse de manera continua y definitiva.

Al principio se trató, como se señaló, tan solo de un protestantismo importado por los poderes hegemónicos del mundo, introducido por inmigrantes y misioneros, hasta que finalmente prevaleció la importación de carácter misionero. De esta manera, América Latina se transformó en un campo misionero fecundo para las diferentes denominaciones y grupos protestantes, y en la mayoría de los casos, todavía continúa siéndolo.

Al comienzo, como se indicó, el protestantismo fue una forma religiosa exógena al continente. Fue importado al mismo por comerciantes, marineros, colonos y misioneros extranjeros. Todos ellos provenían de países donde el protestantismo había conformado una civilización cuyas raíces económicas, políticas y éticas se fueron implantando poco a poco en el Nuevo Mundo. Así, pues, no fueron latinoamericanos sino extranjeros de origen europeo y más tarde norteamericanos, los que primero difundieron las diferentes formas del protestantismo en América Latina.

Este carácter foráneo y advenedizo de la fe evangélica que se difundió en el continente, afectó profundamente la percepción que de sí mismos desarrollaron los evangélicos latinoamericanos. Si a esto se suma la internalización de pautas culturales propias de las metrópolis misioneras, bajo una fuerte sanción teológica, se puede entender hasta qué punto lo foráneo marcó el perfil de las comunidades evangélicas a lo largo de los últimos 150 años. Desde la himnología, pasando por las formas litúrgicas características, la copia de instituciones, programas y estrategias, hasta los detalles más nimios, como el vocabulario y la vestimenta, todo proyectó la imagen de un producto importado.

Por otro lado, al carecer de una historia dilatada o una tradición local, los evangélicos se vieron forzados a construir su historia remontándose a ultramar, explicando su identidad a partir de experiencias históricas que ocurrieron en contextos y situaciones totalmente extrañas y ajenas. Por tener sus raíces en otras culturas y geografías, los evangélicos latinoamericanos terminaron por encontrarse «desarraigados» en las culturas en que servían en el continente. Este desarraigo explica su condición de advenedizos. Una especie de complejo de inferioridad se desarrolló, especialmente frente al catolicismo, que también remontaba sus raíces hasta la Europa medieval, pero que se jactaba de haber sido el elemento germinal en la gestación de la cultura latinoamericana.

La Iglesia Católica Romana supo aprovechar muy bien estos factores en su apología frente al avance protestante. La acusación de foráneos, de agentes de los imperialismos de turno, de introducir ideas y costumbres ajenas a la cultura local, de ir contra las raíces históricas y atentar contra la identidad nacional, entre otros argumentos, fueron el caballito de batalla con que los católicos le salieron al paso al dinámico proselitismo evangélico. La lucha por la libertad religiosa en América Latina está plagada de instancias en las que los evangélicos tuvieron que defender su derecho de adorar a Dios en público y de proclamar su fe en español, y de hacerlo no como una comunidad religiosa foránea, a la que meramente se la toleraba en función de ciertos tratados internacionales con potencias protestantes.

Más recientemente, una conciencia más profunda de los valores propios, una madurez mayor y un marcado sentido de identidad nacional han llevado a la configuración de un protestantismo auténticamente latinoamericano. Este protestantismo se define a sí mismo como algo típico y único en el mundo. Se considera heredero de la tradición de la Reforma, con un fuerte énfasis sobre la autoridad de las Escrituras y un mensaje cristocéntrico, que demanda arrepentimiento y fe para la salvación, y una vida cristiana de obediencia al señorío de Cristo. Pero este protestantismo está desarrollando su propia liturgia, su himnología, sus propias respuestas a las complejas situaciones que enfrenta en el continente, una teología más coherente con las condiciones del contexto y una misionología mejor adecuada a sus recursos y particular condición. Este protestantismo latinoamericano está haciendo oír su voz en el mundo y está procurando hacer su propia contribución a la extensión del reino de Dios.

CAPÍTULO 2

¿CÓMO NOS HEMOS DESARROLLADO?

La fe evangélica está experimentando en los últimos años un crecimiento que casi merece el calificativo de explosivo. No obstante, no siempre ha sido así. En realidad, el desarrollo de las comunidades evangélicas a lo largo de la mayor parte del presente siglo ha sido más bien lento, si bien siempre creciente. Costó mucho romper los lazos de dependencia teológica, eclesiológica, y especialmente económica de las metrópolis misioneras del hemisferio norte. En no pocos casos, este proceso todavía continúa. En otros casos, hace ya varias décadas que ha despegado un protestantismo evangélico autóctono, con enormes posibilidades de desarrollo.

Mientras el primer protestantismo en el continente, el protestantismo histórico o troncal, se fue deteniendo en su crecimiento, el movimiento evangélico de las nuevas denominaciones y misiones de fe fue haciendo rápidos progresos en casi todos los países en las décadas que siguieron a los años de 1930.[1] J. Edwin Orr indica que:

> Denominacionalmente, las tasas de crecimiento más bajas ocurrieron entre las denominaciones históricas cuya teología había sido más afectada por el Cristo-humanismo en su país de origen, mientras que tasas de crecimiento mejores se dieron entre los cuerpos reconocidos como evangélicos, y tasas de crecimiento fenomenales entre las misiones e iglesias pentecostales.[2]

El desarrollo positivo del protestantismo se dio a expensas de un catolicismo que no logró salir de sus problemas más crónicos, como la falta de sacerdotes y su incapacidad de adaptarse a los nuevos tiempos. Si bien la Iglesia Católica Romana, con anterioridad al Segundo Concilio Vaticano, retenía todavía una alta tasa de bautismos y casamientos, cada vez más disminuía el número de personas que asistían a misa con regularidad, tomaban la primera comunión o militaban en organizaciones católicas. Por cierto, en muchos países la Iglesia responsabilizaba a los evangélicos por su pérdida de comulgantes y usaba todos los medios posibles para frenar el proselitismo protestante. La acusación de que el protestantismo servía como agente del «imperialismo *yankee*», introducía al continente una ideología que quebraba su unidad cultural y religiosa, atentaba contra el sentimiento patriótico y nacionalista al incorporar un elemento foráneo, y seducía a las masas con una versión hereje

---

[1] Read, Monterroso y Johnson, *Avance evangélico en la América Latina*, pp. 50-51.
[2] J. Edwin Orr, *Evangelical Awakenings in Latin America*, Bethany Fellowship, Minneapolis, MN, 1978, p. 185.

y sectaria de la fe, fueron algunos de los argumentos utilizados hasta el cansancio en un gran esfuerzo por parar la avalancha evangélica. Fue, pues, en un contexto signado por enormes oportunidades para el crecimiento, pero a la vez condicionado por los lazos foráneos, las crisis locales y la oposición católica, que los evangélicos desarrollaron su personalidad propiamente latinoamericana. Vale la pena considerar algunos de los elementos diversos que sirvieron como ingredientes de la notable riqueza del perfil evangélico latinoamericano.

Diversos y divididos

A través de su historia no muy dilatada, el protestantismo latinoamericano ha ido definiendo los perfiles característicos de sus diversas expresiones. A lo largo del siglo XX, y especialmente en los últimos cincuenta años, la penetración misionera protestante en América Latina ha tenido las características de una verdadera explosión. Esta penetración misionera ha ocurrido mayormente en las áreas urbanas. Como es bien sabido, la tasa de crecimiento urbano en América Latina, especialmente en los últimos cincuenta años, ha alcanzado niveles astronómicos. La tasa anual de crecimiento demográfico ha sido del 3 por ciento. En 1950, por ejemplo, tres cuartas partes de la población vivía en ciudades de menos de 20.000 habitantes; pero para 1975, ya la mitad del total de habitantes en América Latina eran urbanos. En 1960 solo seis ciudades alcanzaban una población de más de 500.000 habitantes; una década más tarde, y debido a la migración del campo a la ciudad, 36 ciudades habían alcanzado ese tamaño.[3]

---

[3] Cf. United Nations, Departament of International Economic and Social Affairs, *Demographic YearbooK: Historical Supplement*, Special Issue, United Nations, Nueva York, 1979, pp. 308-326; United Nations, Department of International Economic and Social Affairs, «Patterns of Urban and Rural Population Growth, Series A», *Population Studies*, n. 68, United Nations, Nueva York, 1980, pp. 13-16; James

Crecimiento de las ciudades latinoamericanas más grandes:

Según estimaciones y proyecciones de las Naciones Unidas para 1994, para «aglomeraciones urbanas», i.e. áreas urbanas densamente pobladas.

Ciudad	1994(1)	2015 (2)	1990-1995 (3)	1975-1995 (4)	(5)	(6)
Sao Paulo	16.110.	20.800.	2.0	66.6	10.1	13.0
Ciudad de México	15.525.	18.800.	0.7	39.2	16.9	22.6
Buenos Aires	10.914.	12.400.	0.7	20.3	31.9	36.4
Río de Janeiro	9.817.	11.600.	0.8	25.6	6.2	8.0

1. Población total de la ciudad.
2. Población proyectada
3. Tasa de crecimiento anual.
4. Porcentaje de crecimiento entre los años indicados.
5. Población de la ciudad como porcentaje de la población total del país.
6. Porcentaje de la población urbana en el país.

Quienes migraron del campo a la ciudad en este proceso entraron en un «vacío social», una atmósfera signada por la ausencia de normas o valores sociales. El debilitamiento de los controles sociales tradicionales y la situación de anomía, característicos de la vida urbana moderna, llevaron a una aguda crisis de identidad personal en las vidas de los nuevos habitantes urbanos. Esta crisis hizo que algunos de ellos abrazaran la posibilidad de nuevas afiliaciones religiosas, incluyendo la conversión del catolicismo al protestantismo. En respuesta a esta crisis, un nuevo espíritu nacionalista, una madurez mayor, y un sentido de identidad latinoamericana firmemente acentuado han llevado a la configuración de lo que propiamente se puede denominar como un *protestantismo latinoamericano*.[4]

W. Silkie, *Statistical Abstract of Latin America*, vol. 22, UCLA Latin American Center Publications, Los Ángeles, 1983, pp. 86-96.

[4] Belo de Acevedo, *As cruzadas inacabadas*, pp. 147-151; Prien, *Historia*, pp. 800-808.

Este protestantismo se presentó, paradójicamente, como algo típico y único, una voz que quería ser oída junto con una voluntad de hacer su propia contribución al desarrollo del cristianismo en todo el mundo. No obstante, en la superficie, este protestantismo se mostró notablemente heterogéneo. Las diferentes iglesias y denominaciones en el continente generalmente han tendido a reflejar tres influencias: el medio ambiente social en el que se han desarrollando, su particular tradición eclesiástica y teológica, y sus lazos de ultramar. Al examinar la historia del protestantismo latinoamericano, sus teologías, patrones ideológicos, conceptos de la misión, actitudes hacia el ecumenismo y sus variadas relaciones con la Iglesia Católica Romana, es posible construir una tipología que sea fiel y refleje el carácter heterogéneo de la tradición protestante en el siglo XX, y que nos sirva para comprender la diversidad del protestantismo latinoamericano.

Un protestantismo y diversas formas

América Latina presenta el caso de un protestantismo definidamente evangélico, pero desarrollándose históricamente a través de diversas formas. Un análisis de las diversas tipologías del protestantismo latinoamericano que se han sugerido, muestra esta pluralidad de manifestaciones diversas, a partir de un mínimo común denominador. Varios estudiosos han propuesto diferentes maneras de calificar y evaluar esta diversidad.[5]

Según Rubem Alves, el conocido teólogo presbiteriano brasilero, «para entender» el caso específico del protestantismo latinoamericano, «es necesario verificar su conducta en el contexto global de la sociedad latinoamericana».[6] El

---

[5] Orlando E. Costas, *Theology of the Crossroads in Contemporary Latin America: Missiology in Mainline Protestantism, 1969-1974*, Rodopi, Amsterdam, 1976, pp. 30-40.

[6] Rubem Alves, «Función ideológica y posibilidades utópicas del protestantismo latinoamericano», en *De la iglesia y la sociedad*, Tierra Nueva, Montevideo, 1971, p. 4.

enfoque de Alves es *ideológico*, y utiliza el doble concepto de Karl Mannheim de utopía e ideología.[7] En este sentido, Alves ubica las divisiones del protestantismo en «el proceso de reorganización» por el que los diferentes grupos están pasando *vis à vis* la crisis de la sociedad de América Latina. El considera lo que el protestantismo podía haber sido (sus posibilidades utópicas) y lo que ha llegado a ser (sus tendencias ideológicas). De allí que, para él, hay dos tipos de protestantismos en América Latina: el conservador y el revolucionario.[8]

Es obvio que cuando Alves habla del protestantismo se está refiriendo específicamente al protestantismo tradicional o histórico.

Por otro lado, su enfoque ideológico no considera otras posibilidades dentro del protestantismo. Los que él denomina «conservadores» pueden ser protestantes que se rehusan a asumir todo tipo de responsabilidad en el proceso social, porque para ellos la religión solo tiene que ver con la esfera individual o privada. Pero también pueden ser protestantes comprometidos con el «proyecto liberal», en defensa de la democracia institucional, las formas clásicas de la libertad, el desarrollismo socio-económico y el sistema capitalista occidental.[9] Por otro lado, el análisis de Alves responde a las condiciones de ideologización generalizada típica de la época en que escribió (década de 1970). Hoy, con la crisis de las ideologías, su análisis resulta un tanto anacrónico.

José Míguez Bonino, el destacado teólogo metodista argentino, presenta una interpretación ideológica similar, pero con una aproximación más histórica, social y eclesiástica.[10] Míguez Bonino sigue la clasificación de Christian

---

[7] Karl Mannheim, *Ideology and Utopia*, Harvest Books, Nueva York, 1936.
[8] Alves, «Función ideológica y posibilidades utópicas», pp. 15-20.
[9] Míguez Bonino, «Actitud política de los protestantes», pp. 4-6.
[10] *Ibid.*, pp. 4-7.

Lalive d'Epinay.[11] El renombrado sociólogo belga aplica su tipología al protestantismo latinoamericano, sobre la base de dos variables: «El tipo sociológico de la iglesia madre (*ecclesia*, denominación, secta establecida, secta conversionista) y la forma y esfera de penetración».[12] Siguiendo estos patrones de análisis, Míguez Bonino llega a los siguientes tipos: (1) las iglesias (*ecclesia*) inmigrantes protestantes transplantadas, (2) las denominaciones establecidas de migrantes protestantes o «la iglesia de migrantes injertados», (3) las denominaciones misioneras o «protestantismo tradicional» según se utiliza la expresión en América Latina, (4) las sectas conversionistas establecidas o «protestantismo de santificación», y (5) las sectas conversionistas o sea el pentecostalismo e iglesias de las «misiones de fe».[13]

Míguez Bonino no es claro en su tipología. Algunas de las denominaciones que él llama «sectas conversionistas establecidas» podrían entrar en la categoría de «denominaciones misioneras» (por ejemplo, los bautistas), ya que sociológicamente no hay gran diferencia entre estos (según Míguez Bonino en el tipo 4) y los presbiterianos, discípulos de Cristo o metodistas (en el tipo 3). De igual modo, no existen mayores diferencias entre estos grupos en lo que hace a la forma y esfera de penetración. Estas denominaciones ingresaron al continente movidas por las mismas motivaciones y utilizando métodos misioneros similares.

Por otro lado, Míguez Bonino no toma en cuenta los rápidos procesos de socialización que las iglesias del tipo 4

---

[11] Véase Christian Lalive d'Epinay, «Los protestantes latinoamericanos: un modelo tipológico», *Fichas de ISAL* 3, n. 24, 1970; véase también Idem, «Les protestantismes latinoaméricans: un modéle typologique», *Archives de Sociologie des Religions* 15, n. 30, 1970, pp. 33-58; e Idem, «Toward a Typology of Latin American Protestantism», *Review of Religious Research* 10, otoño de 1968, pp. 4-11.

[12] José Míguez Bonino, «Visión del cambio social y sus tareas desde las iglesias no-católicas», en *Fe cristiana y cambio social en América Latina: Encuentro de El Escorial, 1972*, ed. por Instituto Fe y Secularidad, Ediciones Sígueme, Salamanca, 1973, p. 179.

[13] *Ibid.*, pp. 179-180.

han pasado en los últimos años, ni los fenómenos de carácter sectario que han afectado a las iglesias del tipo 3.[14] Además, no cabe calificar de «sectas» a denominaciones como la Alianza Cristiana y Misionera, los hermanos libres, la Iglesia Evangélica Libre y la Iglesia del Pacto. En cuanto a los pentecostales y las «misiones de fe», si bien pueden detectarse actitudes sectarias en algunos casos, el enorme proceso de institucionalización y adaptación social por el que han pasado en los últimos años los acerca cada vez más al «protestantismo tradicional» o al menos a las denominaciones «conversionistas establecidas».[15] El planteo de Míguez Bonino resulta, pues, anacrónico y no nos es muy útil a la hora de analizar la presente realidad protestante latinoamericana, que de hecho es sumamente dinámica.

Otros autores, como William R. Read, Víctor M. Monterroso y Harmon A. Johnson han clasificado a las iglesias protestantes de América Latina en cinco tipos básicos: (1) las iglesias que están relacionadas en manera directa con las misiones no denominacionales o de fe; (2) los pentecostales; (3) las denominaciones más recientes (iglesias nacionales no pentecostales), así como las iglesias relacionadas con denominaciones nuevas en el exterior; (4) la Iglesia Adventista del Séptimo Día; (5) las iglesias de las denominaciones tradicionales.[16] Su tipología responde obviamente al panorama denominacional de hace treinta años atrás y resulta también un tanto anacrónico en el marco de la actual dinámica inter e intradenominacional.

El conocido misionólogo Orlando E. Costas divide al protestantismo latinoamericano en tres grupos principales: protestantismo troncal o histórico, protestantismo evangélico, y protestantismo pentecostal.[17]

---

[14] *Ibid.*, p. 181.
[15] Costas, *Theology of the Crossroads*, pp. 31-33.
[16] Read, Monterroso y Johnson, *Avance evangélico en la América Latina*, pp. 36-37.
[17] Costas, *Theology of the Crossroads*, pp. 40-45; Idem, *El protestantismo en*

El protestantismo troncal es también conocido como *protestantismo histórico*, porque está relacionado con las iglesias de la Reforma. Por otro lado, representa al protestantismo ecuménico latinoamericano. La expresión más importante del protestantismo troncal se encuentra en las comunidades étnicas de origen inmigratorio, que vinieron al continente durante la segunda mitad del siglo pasado. Estos inmigrantes incluyen a luteranos alemanes, presbiterianos escoceses, anglicanos ingleses, valdenses ítalo-franceses, miembros de las iglesias Reformada Holandesa y Suiza, y algunos bautistas galeses. Estos se establecieron en el continente como colonos y guardaron las prácticas y tradiciones religiosas que trajeron de Europa sin poner énfasis en la evangelización de los nacionales.[18] Más tarde, siguieron a estos colonos misioneros de estos grupos, mayormente de los Estados Unidos y Europa. Con ellos, las iglesias históricas se abrieron a la comunidad nacional.

Sin embargo, la forma más característica del protestantismo latinoamericano hasta el presente es el *protestantismo evangélico*. Los evangélicos en América Latina pertenecen a una corriente dentro de las grandes confesiones protestantes, que está asociada con la tradición de las «iglesias libres». Las iglesias libres son comunidades autónomas e independientes del Estado, es decir, no son iglesias territoriales o establecidas. La mayoría de estas instituciones eclesiásticas provinieron de Europa, se organizaron o emergieron en los Estados Unidos, y llegaron a América Latina a través de la obra misionera. Tan influyentes son estas denominaciones que «evangélico» es hoy prácticamente sinónimo de «protestante» en América Latina. En este sentido,

---

América Latina hoy: ensayos del camino, 1972-1974, Publicaciones INDEF, San José, Costa Rica, 1975, pp. 8-11.

[18] Julio de Santa Ana, *Cristianismo sin religión*, Editorial Alfa, Montevideo, 1969, p. 44; Thomas J. Liggett, *Where Tomorrow Struggles to Be Born: The Americas in Transition*, Friendship Press, Nueva York, 1979, p. 59. Si desea un estudio completo de estas iglesias en el Río de la Plata, véase Villalpando, ed., *Las iglesias del trasplante*.

el término evangélico se utiliza en el continente con referencia a todos los protestantes sin tomar en cuenta su afiliación denominacional. «Evangélico» es el nombre preferido de la mayor parte de los grupos cristianos protestantes que están establecidos en América Latina.[19]

Este protestantismo evangélico es fundamentalmente conservador en doctrina y firmemente comprometido con un proselitismo celoso en nombre del evangelio.[20] Según Samuel Escobar, «En América Latina la mayoría de los protestantes se describen como "evangélicos". Constituyen una minoría religiosa creciente y dinámica».[21]

Según su uso en América Latina, el término evangélico no es primariamente confesional sino proposicional. Las iglesias evangélicas son asociaciones voluntarias de individuos de un mismo sentir y parecer, unidos sobre la base de creencias comunes, con el propósito de lograr objetivos tangibles y bien definidos. Uno de los objetivos fundamentales es la propagación de sus puntos de vista, que ellos consideran como normativos para toda la humanidad. Los protestantes evangélicos se caracterizan por su énfasis sobre la autoridad de la Biblia en todas las cuestiones de fe y práctica; la conversión personal como una experiencia distintiva de fe en Cristo como Señor y Salvador, que separa al cristiano de los no cristianos; y la práctica de la evangelización como la dimensión fundamental de la misión de la iglesia.[22]

Al discutir las raíces de los evangélicos en América Latina, es necesario distinguir entre dos diferentes tipos de

---

[19] Samuel Escobar, «Identidad, misión y futuro del protestantismo latinoamericano», *Boletín Teológico* 3-4, 1977, pp. 2-3; e Idem, «¿Qué significa ser evangélico hoy?», *Misión* 1, marzo-junio 1982, pp. 15-16.
[20] *Ibid.*, p. 15.
[21] Samuel Escobar, «El problema ecuménico en América Latina», *Misión* 4, septiembre de 1985, p. 78.
[22] Costas, *Theology of the Crossroads*, 40-47. Cf. también, Idem, «La teología evangélica en el Mundo de los Dos Tercios», *Boletín Teológico* 19, diciembre de 1987, p. 20; y José Míguez Bonino, «Cristianismo en América Latina», *Orientación* 19, enero-marzo 1971, pp. 9-10.

misiones patrocinadas por organizaciones religiosas de ultramar, especialmente en los Estados Unidos. Por un lado, están las iglesias libres históricas; y por el otro, las misiones no denominacionales o independientes, también conocidas como «misiones de fe». En general, ambos tipos de misiones dependieron fuertemente de juntas o de sociedades no denominacionales en la metrópoli.

La mayoría de las iglesias que llegaron al continente como parte del movimiento misionero moderno pertenecían a la tradición de las iglesias libres históricas. Estas representan a las iglesias libres históricas de la tradición evangélica anglo-americana, con algunas denominaciones de origen británico y algunas otras de origen norteamericano. Dentro de este grupo se encuentran los bautistas, metodistas, presbiterianos, congregacionalistas, discípulos de Cristo, y los adventistas del séptimo día. Otras iglesias en este grupo pertenecen a denominaciones más recientes, tales como la Alianza Cristiana y Misionera, la Iglesia del Nazareno, los hermanos libres y la Iglesia Evangélica Libre. Históricamente todas estas iglesias han provisto la presencia evangélica más orgánica e influyente en el continente.

Sin embargo, con posterioridad a la Segunda Guerra Mundial adquirió prominencia el trabajo de varias misiones independientes y sin lazos denominacionales, conocidas como «misiones de fe». Estas organizaciones son agencias misioneras foráneas de carácter no denominacional o interdenominacional, cuyo concepto misionológico de administración demanda que sus misioneros dependan «solo de Dios» para su sostén financiero. El crecimiento e impacto de estos grupos en la primera mitad del siglo no fue tan grande como el de los grupos denominacionales. Sin embargo, en la segunda mitad del siglo representan una porción considerable del personal misionero foráneo en América Latina. La mayoría de estas agencias misioneras tienen sus oficinas centrales en los Estados Unidos y están afiliadas a iglesias independientes y fundamentalistas en ese país.

Las iglesias fundadas por las misiones de fe o no denominacionales comparten los énfasis característicos de los demás evangélicos y son conservadoras en materia teológica. Sin embargo, estos grupos abrazan el punto de vista dualista propio del fundamentalismo, en el que su agrupación es la única fuerza del bien en guerra contra una miríada de fuerzas del mal—a veces incluso representadas por ciertos grupos evangélicos no fundamentalistas. Estas misiones de fe son separatistas en su relación con las denominaciones estructuradas. Sus agencias de apoyo en la metrópoli se oponen al movimiento ecuménico sobre la base de que es apóstata, liberal en lo teológico, o interesado solo en la acción social en lugar de la proclamación directa del Evangelio de redención (que para los fundamentalistas es objetivo único y prioritario). La mayor parte de las iglesias latinoamericanas fundadas por estas agencias no denominacionales se considera fundamentalista.[23]

Los grupos no denominacionales arribaron al continente en números importantes después de la Segunda Guerra Mundial, cuando las agencias misioneras norteamericanas reorientaron a su personal misionero, de los campos que se estaban cerrando en Asia y Europa oriental con motivo del surgimiento de regímenes comunistas. América Latina fue el campo misionero por excelencia, especialmente debido a la gran influencia que por aquel entonces ejercían los Estados Unidos sobre el continente. Recuérdese la política de John F. Kennedy y su gigantesco proyecto de la Alianza para el Progreso. Miles de misioneros y de dólares ingresaron a América Latina desde la segunda mitad de los años de 1950 en adelante.

Una tercera expresión del protestantismo latinoamericano es el *protestantismo pentecostal*. Este está representado por los movimientos pentecostales nacionales o autóctonos, que emergieron de las denominaciones evangélicas, o por

---

[23] Kenneth Strachan llama la atención a este movimiento misionero independiente en *The Missionary Movement of the Non-historical Groups in Latin America*, Latin American Cooperation Committee, Nueva York, 1957.

¿Cómo nos hemos desarrollado?

movimientos que se originaron por la obra misionera de pentecostales europeos o norteamericanos en las primeras décadas del presente siglo. Un desarrollo más reciente dentro del pentecostalismo latinoamericano más amplio es el del movimiento carismático o movimiento de renovación carismática. Este movimiento se ha configurado mayormente con miembros del protestantismo clásico o troncal así como de las iglesias históricas y misioneras.[24] En algunos países, el movimiento carismático ha dejado de funcionar como «movimiento» para constituirse en una denominación evangélica más, cada día más aceptada y reconocida como parte de la familia evangélica. A diferencia del pentecostalismo clásico o histórico, muchas de las iglesias carismáticas manifiestan, por varias razones, una apertura al diálogo ecuménico, incluso con la Iglesia Católica Romana.[25]

El pentecostalismo en general es el movimiento cristiano de crecimiento más rápido en América Latina. Esto se debe en parte a la actitud característica de sus adherentes de dar un testimonio constante de su fe y a su militancia religiosa que se traduce en un celo ferviente por ganar almas.[26] Dado el impacto del pentecostalismo sobre el resto del testimonio evangélico en el continente, es casi imposible hoy dividir tipológicamente entre evangélicos y pentecostales. Los evangélicos tradicionales están más pentecostalizados que nunca, mientras los pentecostales han sido asimilados definitivamente a la familia evangélica y juegan un rol protagónico en el testimonio evangélico latinoamericano. De este modo, la tipología propuesta por Costas tampoco resulta adecuada para una mejor comprensión de la realidad de los últimos años y especialmente el mosaico presente.

---

[24] Véase Wagner, *Spiritual Power*.
[25] Costas, *El protestantismo en América Latina hoy*, pp. 10-11; Wagner, *Spiritual Power*, pp. 131-146.
[26] González, *Historia de las misiones*, p. 438; Wagner, *Spiritual Power*, pp. 11-12.

A los intentos de tipificación mencionados cabe agregar algunos desarrollos más recientes. Clayton L. Berg y Paul E. Pretiz han preferido describir la variedad y el desarrollo del protestantismo latinoamericano en términos de olas. Es así como hablan de una primera ola, representada por la presencia esporádica del protestantismo en el continente y los primeros intentos de introducción de la Biblia. Las iglesias de inmigración fueron expresión de esta primera ola. La segunda ola es la de los misioneros pioneros que representaban a las denominaciones históricas, y que comenzaron a arribar desde la segunda mitad del siglo pasado. Las iglesias de las denominaciones históricas o troncales son resultado de esta ola. La tercera hora corresponde al arribo de las «misiones de fe», especialmente hacia mediados del presente siglo. La cuarta ola comenzó después de la Segunda Guerra Mundial y está representada por las nuevas denominaciones, especialmente por el desarrollo y crecimiento rápido del pentecostalismo y el movimiento carismático. La quinta ola es de corte carismático, si bien no está genética y necesariamente ligada al movimiento carismático de la década de 1970. En muchos casos, se trata de iglesias con raíces en el protestantismo histórico o de origen misionero, pero que muestran en su liturgia, eclesiología y estrategias misioneras un marcado perfil carismático. Estas iglesias se encuentran entre las de mayor crecimiento e influencia en todo el continente. Generalmente, están bien organizadas, cuentan con un liderazgo altamente calificado y representan el sector más dinámico en términos de crecimiento y desarrollo.[27]

Según algunos estudios más recientes, cabe tener en cuenta algunos desarrollos que se están dando en este momento en el pueblo evangélico latinoamericano y que parecen van a tener gran influencia en el futuro inmediato. Lo que algunos han denominado como «postdenominacionalismo» parece

---

[27] Mike Berg y Paul Pretiz, *The Gospel People*, Marc, World Vision International, y Latin American Mission, Miami, 1992.

estar ganando espacio e influencia a lo largo y a lo ancho de todo el espectro evangélico. De hecho, las iglesias de mayor impacto en el mundo evangélico hoy son iglesias que cuadran dentro de un perfil que bien puede denominarse «posdenominacional». Más allá de las evaluaciones que se puedan hacer sobre este proceso, lo que parece ser un hecho cierto para cualquiera que analice el desarrollo del cristianismo evangélico latinoamericano es la profunda transformación que está teniendo lugar en el mismo.

Hay en marcha en América Latina un fenómeno empírico y verificable, que consiste en numerosísimas iglesias o grupos de iglesias, que representan un nuevo género no derivado de las denominaciones tradicionales conocidas. El fenómeno no pasa tanto por lo dogmático o institucional, sino que tiene que ver particularmente con un crecimiento inédito de este tipo de congregaciones. El carácter novedoso del mismo hace que todavía no haya suficientes estudios, análisis o comunicaciones disponibles, que permitan una adecuada caracterización y evaluación del mismo. Sin embargo, el fenómeno ya ha captado el interés de los misionólogos y estudiosos del crecimiento de la iglesia.

Estas iglesias, tomadas en su conjunto, manifiestan (especialmente en lo que va de esta década) un cambio sumamente radical dentro del espectro evangélico del cristianismo latinoamericano. En algunos casos, los cambios son tan significativos en la manera en que expresan la vida y el ministerio de la iglesia cristiana, que no se les encuentra parangón desde los días de la Reforma Protestante. No se trata de meros cambios de nombres, afiliaciones confesionales, estructuras organizativas, alianzas políticas, o compromisos ministeriales. Sí se perciben profundos cambios en su actitud espiritual y foco misionológico, en el uso del poder divino sobrenatural, en el concepto de autoridad y sujeción, en las estructuras ministeriales, en el uso de los dones del Espíritu Santo, en el alcance de su testimonio cristiano, en su estilo de adoración, en el manejo de sus finanzas, en el entrenamiento del liderazgo y en otras características.

El fenómeno, como se indicó, se inscribe dentro del marco del crecimiento de la iglesia. Pero si bien este fenómeno de crecimiento de la iglesia está ganando un reconocimiento cada vez más amplio, y si bien sus raíces pueden trazarse hasta algún tiempo atrás, no ha surgido hasta el presente ningún nombre que sirva para designar lo que está ocurriendo. Es precisamente en este punto donde los estudiosos no están todos de acuerdo. Algunos denominan al fenómeno como posdenominacionalismo (esta es mi designación preferida). En 1994, C. Peter Wagner publicó un artículo en la revista *Ministries Today* titulado «Those Amazing Posdenominational Churches» [Esas asombrosas iglesias posdenominacionales]. En este artículo, el conocido experto en crecimiento de la iglesia hacía una caracterización general de este tipo de iglesias. Algunos líderes denominacionales reaccionaron negativamente al nombre, por considerarlo peyorativo. Indudablemente, si no se tiene bien en claro el carácter histórico del denominacionalismo es muy difícil comprender el carácter histórico del posdenominacionalismo. No obstante, sea cual fuere el nombre con que se designe lo que está ocurriendo, no hay dudas en cuanto a que algo novedoso e importante está ocurriendo. Más adelante, en el capítulo 5 volveremos sobre esta cuestión.

Como puede observarse a la luz de este rápido análisis, el protestantismo latinoamericano es sumamente heterogéneo y se encuentra todavía profundamente marcado por los variados perfiles de identidad denominacional, aunque no sin profundas tensiones. Muchas de estas divisiones responden al divisionismo característico del protestantismo norteamericano de origen o al divisionismo típico del pentecostalismo autóctono. No obstante, la tendencia centrífuga tradicional está dando lugar, en años más recientes, al surgimiento de una tendencia centrípeta, que va licuando las diferencias denominacionales y está generando una nivelación y homogenización en todos los niveles. Este proceso está acompañado de otro no menos significativo, el cual es la desinstitucionalización creciente de las estructuras religiosas, como veremos más adelante, en el capítulo 5.

Diversas formas y un protestantismo

Más allá de la heterogeneidad que parece caracterizar a las diversas manifestaciones del protestantismo en América Latina, es posible señalar importantes tendencias y características comunes a todos los grupos. Si bien desde un punto de vista terminológico la caracterización del protestantismo latinoamericano como troncal, evangélico y pentecostal es más precisa, no da cuenta de la dinámica de su realidad religiosa y eclesiástica. En la práctica, cada grupo se caracteriza por un modo de conducta y fe religiosa que en general se puede describir con el término amplio de «evangélico». Muchos de los misioneros de las iglesias históricas, por ejemplo, impartieron un ethos evangélico a sus convertidos, que determinó la calidad de su vida religiosa en un grado mucho mayor que lo que lograron sus particularidades doctrinales o confesionales. Por otro lado, fuera de su comprensión distintiva de la doctrina del Espíritu Santo, los pentecostales comparten las convicciones doctrinales y éticas y, lo que todavía es más importante, el sentido permanente del significado y necesidad de una experiencia personal de redención, de sus hermanos evangélicos no pentecostales.

El protestantismo latinoamericano está marcado por ese «carácter puritano-pietista-evangélico» del cristianismo evangélico mundial, cuyas raíces históricas se encuentran en el movimiento pietista de Europa continental, en el puritanismo de los siglos XVII y XVIII en Inglaterra, y el Gran Avivamiento del siglo XVIII en los Estados Unidos. El pietismo mismo representaba un intento muy importante por reformar la herencia protestante, y su influencia ha dejado una impresión distintiva en el cristianismo evangélico que se practica en América Latina. El despertar de la religiosidad individual, característico del pietismo-puritanismo evangélico, se dio junto con un nuevo interés en las misiones. Los dirigentes de este nuevo despertar en Europa y los Estados Unidos protestaban contra la rigidez de la vieja ortodoxia protestante, y aunque ellos mismos eran por lo general teólogos muy bien adiestrados, tendían a subrayar por encima de las fórmulas teológicas la importancia de la vida cristiana práctica. Esta vida cristiana se entendía, por lo general, en términos individualistas. De modo que se subrayaba la experiencia personal del cristiano y su obediencia como individuo a los mandatos divinos.[28]

A veces, en América Latina, la tendencia pietista ha llevado al subjetivismo y al emocionalismo, y ha fragmentado a la iglesia a través del separatismo entusiasta. El pietismo ha sido también la fuerza detrás del desarrollo de códigos morales legalistas y en sus formas extremas ha servido para desmerecer el valor de las tradiciones cristianas. Pero también el pietismo ha inspirado una poderosa renovación de la iglesia al dar testimonio del carácter indispensable de la Biblia y la oración para la fe cristiana, y al abogar por el ministerio cristiano del creyente común y su participación en la obra misionera. El carácter puritano-pietista-evangélico del protestantismo latinoamericano en general ha servido también para promover la libertad religiosa y la cooperación entre los creyentes. Central a este carácter es la insistencia de que los individuos no pueden descansar hasta que encuentren una íntima comunión con Dios por medio de la fe en Jesucristo como Salvador y Señor.

No obstante, Orlando Costas dice: «La categoría socio-teológica de "evangélico" generalmente es calificada con términos tales como "pietismo", "conservadurismo", o "fundamentalismo", pero estos son términos que tienen demasiadas connotaciones sociales, políticas y teológicas negativas, y no son necesariamente aceptados o apreciados por las camadas más recientes de los líderes y teólogos evangélicos latinoamericanos. Estos líderes frecuentemente han protestado por la forma en que ciertos grupos de evangélicos persisten en considerar a todos aquellos que no son parte de su rama respectiva del protestantismo evangélico como "liberales", "modernistas", etc».[29]

---

[28] González, *Historia de las misiones*, p. 197.
[29] Costas, *Theology of the Crossroads*, 48, n. 65.

¿Cómo nos hemos desarrollado?

Sea como fuere, el pietismo parece ser uno de los elementos más característicos del protestantismo latinoamericano y un fuerte factor de cohesión y homogenización. Estas tendencias pietistas, individualistas y misioneras han tipificado especialmente la historia reciente del protestantismo en América Latina. Sus adherentes comparten un trasfondo sociológico similar así como planteos ideológicos que trascienden las fronteras denominacionales.[30]

Un talante anabautista y fundamentalista

Dentro del ethos puritano-pietista-evangélico compartido por los protestantes latinoamericanos, es posible discernir una doble corriente. Por un lado, está lo que Samuel Escobar denomina como «un talante anabautista».[31] Por el otro, se destaca un marcado impulso fundamentalista. Ambos elementos pueden aparecer en los más variados grados y combinaciones. Pero en un análisis de conjunto, son los que marcan con un tono general a la mayor parte de los evangélicos latinoamericanos.

Un talante anabautista

Esta corriente tiene profundas raíces históricas, ya que se remonta a las expresiones radicales de la Reforma del siglo XVI. Escobar lo explica así:

> En el seno de una cristiandad nutrida más de lo político que de lo espiritual, los evangélicos afirmaron la *naturaleza espiritual* del reino de Dios. En el seno de un cristianismo *constantiniano* con «iglesia oficial», los evangélicos afirmaron la

---

[30] Ibid., p. 47; Escobar, «Identidad», 3; Kenneth S. Latourette, *Desafío a los protestantes*, Editorial La Aurora, Buenos Aires, 1957, p. 78.
[31] Samuel Escobar, «El reino de Dios, la escatología y la ética social y política en América Latina», en *El reino de Dios y América Latina*, ed. por C. René Padilla, Casa Bautista de Publicaciones, El Paso, TX, 1975, p. 131.

absoluta separación entre el trono y el altar (o el púlpito). Su presencia en el seno de una cristiandad nominal era fruto del énfasis en la experiencia transformadora de la *conversión personal* y consciente, *más que de la tradición bautismal*.[32]

Básicamente, la característica fundamental del perfil anabautista es la dicotomía de lo espiritual y lo material, de la iglesia y el mundo, y del espíritu y la carne. H. Richard Niebuhr ha calificado a los grupos que subscriben este perfil como perteneciendo a ese tipo de cristianismo «que resueltamente rechaza las demandas de lealtad de la cultura».[33] Conforme a esta actitud, «se traza una clara línea de separación entre la hermandad de los hijos de Dios y el mundo».[34]

Este tipo de teología anabautista, con un fuerte énfasis sobre la idea de la separación del mundo y, como corolario, el aislamiento de todo poder político o la abstención de todo compromiso político y social, ha tenido una gran difusión entre los evangélicos en América Latina, casi hasta nuestros días. Samuel Escobar señala que «los grupos evangélicos que más se extienden en nuestras tierras adquieren un talante de protestantismo radical o anabautista».[35] Los elementos constitutivos básicos de este perfil incluyen la convicción de que el Nuevo Testamento no solo proporciona el contenido de la fe cristiana, sino también el modelo de organización y práctica de la comunidad cristiana. La iglesia es entendida como una asociación voluntaria, que se autodefine como una minoría fiel al evangelio en medio de un mundo hostil y corrompido. La cristiandad establecida y oficial, por su asociación con el poder político desde los

---

[32] *Ibid.*, p. 132.
[33] H. Richard Niebuhr, *Christ and Culture*, Harper, Nueva York, 1951, p. 45.
[34] *Ibid.*, p. 48.
[35] Escobar, «El reino de Dios», p. 131.

días de Constantino, está representada por una iglesia «caída». En cambio, los creyentes fieles al Nuevo Testamento representan la «restitución» de la iglesia verdadera, que se desenvuelve separada del mundo.

Un impulso fundamentalista

La segunda corriente dentro del protestantismo latinoamericano es más reciente, pero no por ello menos importante. Al considerar la historia del protestantismo en América Latina es posible discernir un impulso hacia el fundamentalismo, no solo dentro de las misiones de fe que se califican de fundamentalistas, sino también dentro de ciertos segmentos del movimiento pentecostal, e incluso en algunas denominaciones más tradicionales. Este impulso asume una variedad de formas diferentes, pero sus representantes han tendido a poner mayor peso sobre los aspectos oposicionales o divisivos del ethos puritano-pietista-evangélico, como su moralidad legalista, un emocionalismo fervoroso y excluyente, e incluso una simpatía muy marcada por posiciones y candidatos políticos del ala derecha del espectro político latinoamericano.

El surgimiento de este impulso fundamentalista dentro de estas iglesias fue estimulado por el patrón de desarrollo de las iglesias evangélicas a lo largo del siglo XX. En la primera fase de este desarrollo, mientras estas iglesias luchaban para formular una estrategia misionera para el continente, las instituciones de afiliación denominacional se vieron involucradas en las discusiones mayormente teóricas levantadas por el pensamiento religioso moderno. La naturaleza divisiva de las entonces nuevas tendencias intelectuales europeas y norteamericanas prestaron un tono de fanatismo e intolerancia a los debates en torno a ellas en las iglesias y los seminarios evangélicos latinoamericanos. Los debates se transformaron en la ocasión por la que muchas de las instituciones se definieron en contra de las tendencias liberales foráneas y a favor de un rechazo de corte fundamentalista a cualquier intento de adaptación al modernismo. Entre los debates más significativos para el futuro de la vida religiosa evangélica estaba la discusión del fundamentalismo en contra del modernismo y la controversia sobre el «Evangelio Social», ambas cuestiones importadas al continente por las agencias misioneras norteamericanas.

Las dos controversias sirvieron como catalizadoras para varias formas de reacción en América Latina, y para una profundización del impulso fundamentalista dentro de aquellos sectores evangélicos con una mayor presencia misionera en el continente. Esto tuvo enormes consecuencias misionológicas. Las iglesias que pertenecían al protestantismo histórico o troncal, más afectadas por la tendencia modernista, continuaron fundando escuelas y centros de ayuda social y/o ampliaron el ministerio de las instituciones ya existentes. Las denominaciones o iglesias más conservadoras o fundamentalistas respondieron incrementando su personal misionero y desarrollando sus estructuras eclesiásticas. Los misioneros fundamentalistas creían no solo en la inerrancia de la Biblia, sino también en una serie completa de doctrinas evangélicas, que presentaban *in toto* a sus congregaciones como un paquete, y casi como una especie de inoculación espiritual contra la enfermedad del modernismo, que estaba contaminando a sus correligionarios al norte del Río Grande. El crecimiento de estas iglesias evangélicas fue notable en las primeras tres décadas del siglo XX. Esto significó que para 1936 la comunidad protestante alcanzara a los 2.400.000 miembros, de los cuales la mayoría eran latinoamericanos.[36]

Una segunda etapa en el desarrollo del impulso fundamentalista, que siguió a las reacciones locales a las controversias

---

[36] Para una evaluación de la galopante expansión del cristianismo evangélico en América Latina, cf. Read, Monterroso y Johnson, *Avance evangélico en la América Latina*, pp. 48-60. Véase también W. Stanley Rycroft y Myrtle M. Clemmer, *A Factual Study of Latin America*, Commission on Ecumenical Mission and Relations of the United Presbyterian Church USA, Nueva York, 1963.

norteamericanas, fue una reacción a los eventos que estaban ocurriendo en el continente. La crisis de 1930 provocó la destrucción del estado liberal latinoamericano y dio paso a la aparición de gobiernos de facto, generalmente militares. Los evangélicos tuvieron que adaptarse a este tiempo de transición e incertidumbre económica y política. La crisis económica y política en América Latina, a raíz de la depresión mundial de los años de 1930, interrumpió el avance de las misiones foráneas y dejó la tarea de la evangelización del continente en manos de sus líderes religiosos nacionales. Hubo reducciones drásticas en el personal y los presupuestos misioneros norteamericanos. Tampoco llegaron los subsidios para la construcción de templos y la financiación de programas evangelísticos y educativos. La crisis económica terminó por agregar una mayor responsabilidad sobre las iglesias nacionales, tanto en términos de finanzas como de liderazgo.[37]

Esta crisis de recursos y personal, que afectó mayormente a las agencias misioneras de las denominaciones históricas y más tradicionales, casi no alcanzó a las misiones de fe más fundamentalistas. Estas misiones, si bien todavía relativamente pequeñas en tamaño e influencia, proveyeron un elemento de continuidad culturalmente significativo en medio de la reestructuración política de varios países a lo largo de las décadas de 1930 y 1940. De todos modos, con posterioridad a la Segunda Guerra Mundial, se produjo una nueva oleada de misioneros norteamericanos. Esta infusión de misioneros foráneos, imbuídos de los nuevos ideales de la guerra fría, el triunfalismo y mesianismo norteamericano, la ideología del destino manifiesto, y un feroz anti-comunismo, reforzó el perfil fundamentalista de muchas iglesias evangélicas.

Con el desarrollo del industrialismo, el desplazamiento del campo a la ciudad, el desarraigo cultural de enormes

---

[37] Homas J. Liggett, *The Role of the Missionary in Latin America Today*, Committee on Cooperation in Latin America, Nueva York, 1963, p. 15.

masas alrededor de las grandes ciudades, las iglesias y misiones fundamentalistas no denominacionales tuvieron una gran oportunidad de expansión. Estimulados en términos organizacionales por un mayor número de misioneros foráneos disponible como resultado del cierre de los campos misioneros en China, y en términos ideológicos por la retórica anti-comunista y el espíritu de cruzada de la guerra fría, los patrones fundamentalistas se vieron reforzados en la mayoría de los grupos más conservadores e independientes.

El radicalismo anabautista junto con el matiz fundamentalista han marcado fuertemente el carácter de una buena parte del protestantismo evangélico latinoamericano hasta nuestros días.

CAPÍTULO 3

¿CUÁL HA SIDO NUESTRO PERFIL?

La preocupación por la identidad evangélica latinoamericana ha adquirido más recientemente un nuevo impulso, a medida que el crecimiento numérico y una madurez mayor van afirmando la presencia del protestantismo en América Latina. Obviamente, a la hora de elaborar tal perfil de identidad el conocimiento del pasado aporta elementos fundamentales que, junto con una adecuada comprensión del presente, permiten trazar los rasgos esenciales del conjunto del protestantismo latinoamericano. Hoy este protestantismo es reconocido en todo el mundo como algo singular e identificable, a pesar de la extraordinaria heterogeneidad que caracteriza al continente en otros aspectos.

Intentar describir los factores más destacados de este perfil que se ha ido configurando a lo largo de nuestra ya dilatada historia no es tarea fácil. No obstante, es posible resaltar dos o tres aspectos que hacen a la identidad evangélica latinoamericana, no porque sean los más importantes, sino porque su efecto en el pasado y presente del testimonio evangélico en el continente ha tenido una gravitación significativa. Estos elementos están relacionados con la ubicación de los evangélicos en relación con el mundo y con su misión de dar a conocer en él las Buenas Nuevas de Jesucristo.

Comprometidos y descomprometidos

No es extraño que a lo largo de su historia en el continente, el protestantismo latinoamericano haya desarrollado un fuerte sentido de expectativa escatológica. Marginado y a veces perseguido, fue desarrollando una conciencia de minoría oprimida y militante, que marcha victoriosa hacia un final de gloria con la venida de Cristo como Rey. Este espíritu de militancia con miras al cumplimiento escatológico se expresa muy bien en el vocabulario evangélico corriente, incluso en nuestros días. «Firmes y adelante huestes de la fe» es el himno evangélico por excelencia. Las reuniones de evangelización son denominadas «cruzadas» o «campañas», que son términos propiamente militares. La vida cristiana es entendida como lucha o combate, y el creyente es considerado un «soldado de Cristo». Más recientemente, se está popularizando el vocabulario de la guerra espiritual.

Samuel Escobar se refiere a este componente anabautista y radical del perfil evangélico latinoamericano, cuando habla de una minoría sacrificada y disciplinada. Dice él:

> Esa capacidad para el sacrificio y la disciplina provienen de la convicción de que uno es el portador del reino venidero, la avanzada de la acción divina en el mundo. La disciplina crea un grupo notablemente diferente de la cristiandad

corrompida, mayoritaria y oficial. El espíritu de sacrificio es necesario justamente para soportar la persecución, el asedio y el desprecio de esa cristiandad caída.[1]

La militancia evangélica, abonada de un fuerte sentido escatológico, ha generado tradicionalmente una doble actitud frente al mundo, la cultura y la sociedad: compromiso y descompromiso.

El descompromiso evangélico

El tipo de religiosidad promovido por el protestantismo tradicional latinoamericano colocaba a los creyentes en una fe «vertical», muchas veces divorciada de la variedad de posibles implicaciones sociales y políticas del Evangelio. Esto no quiere decir que las iglesias evangélicas fuesen apolíticas, porque los creyentes eran alentados a depender de sus líderes para tener guía en materia política. Pero sí es cierto que esta mentalidad de total separación del mundo alentó una justificación acrítica del orden político establecido, actitud con profundos antecedentes en la religiosidad protestante clásica. Los líderes evangélicos han tendido a desentenderse de toda responsabilidad directa por el progreso social y han limitado el compromiso de los creyentes al ejercicio del voto o meramente a una simpatía abstracta por algún partido político particular. También han promovido (generalmente sin estar conscientes de ello) un capitalismo de laissez-faire y el neoliberalismo ideológico que predomina en Occidente. A su vez, han asumido generalmente posturas ideológicas conservadoras, de derecha, y se han inclinado preferentemente a los regímenes autoritarios y dictatoriales.

La idea de que la religión pertenece a la esfera individual y privada, se asoció al concepto pietista de que cuando una persona se hace cristiana debe demostrar una calidad de

---

[1] Escobar, «El reino de Dios», pp. 133-134.

vida distintiva. A través de su laboriosidad, honestidad, respeto por la ley y sobriedad el creyente hace su contribución al mejoramiento de la sociedad. «Pero todo intento de relacionar la fe y la doctrina cristiana a la esfera pública es considerado como una "intrusión" que viola tanto el carácter "laico" de la esfera pública como la pureza "espiritual" de la fe».[2]

Esta actitud de descompromiso político tiene sus raíces en varios factores. Algunos son de carácter social, y otros de carácter más bien teológico. Entre los primeros cabe mencionar ese talante anabautista del protestantismo evangélico latinoamericano, que ya ha sido señalado. Una especie de dualismo reminiscente de la teología anabautista y característico del pentecostalismo mayoritario, con un fuerte énfasis en la idea de la separación del mundo y su correspondiente extrañamiento de todo compromiso social y político, está a la raíz de la actitud descomprometida prevaleciente en el protestantismo latinoamericano. El resultado de este concepto exagerado en cuanto a la separación del mundo ha sido lo que Christian Lalive d'Epinay califica como una verdadera «huelga social».[3] A veces una comprensión errónea del principio de la separación de la Iglesia y el Estado ha sido la causa de esta actitud apolítica o de descompromiso político y social. La esfera pública ha sido entendida como puramente «laica» en su carácter y consiguientemente sin nada que ver con la pureza «espiritual» de la fe.[4] Esta visión trascendental y vertical de la fe cristiana, que confina al creyente dentro del marco estrecho de la congregación local (como un refugio del mundo y sus peligros), termina con la alienación completa de los cristianos al empujarlos fuera del marco de la sociedad.

---

[2] Míguez Bonino, *Doing Theology*, p. 38.
[3] Christian Lalive d'Epinay, *El refugio de las masas: estudio sociológico del protestantismo chileno*, Editorial El Pacífico, Santiago, Chile, 1968, pp. 163-180.
[4] Míguez Bonino, «Actitud política de los protestantes», p. 4.

Por otro lado, el origen misionero foráneo de la mayor parte de las denominaciones que operan en América Latina, es un factor a tomar en cuenta al momento de evaluar el compromiso o descompromiso de los evangélicos en el continente. En general, se les prohibió a los misioneros involucrarse en todo tipo de acción o involucramiento social o político en razón de su condición como extranjeros y por consideraciones estratégicas.[5] Algunos de ellos, que habían sido activos o por lo menos responsables en materia social y política en sus países de origen, en su campo de misión consideraron a la política como peligrosa y sucia. En buena medida esto fue así por no entender las reglas de juego propias de la política latinoamericana. Además, es obvio que detrás de sus ideas había también una cuestión de poder.

En el caso de los protestantes de origen inmigratorio, su abstencionismo político y social se explica porque estaban más interesados en su propio beneficio material, que en cualquier proyecto histórico. Al igual que los inmigrantes en cualquier lugar del mundo, quienes llegaron a América Latina fueron indiferentes hacia el proceso político y social. Su temor era que cualquier involucramiento pudiera poner en peligro sus sueños de un nuevo comienzo y prosperidad en el Nuevo Mundo.

Además, la actitud de descompromiso respondió también al complejo de minoría típico de las denominaciones protestantes en América Latina. Los evangélicos nos hemos concebido siempre como una «minoría sacrificada y disciplinada».[6] Con anterioridad a la década de 1960 nos hemos

---

[5] Rubem Alves, «El destino manifiesto y la empresa misionera», en *Lectura teológica del tiempo latinoamericano*, Seminario Bíblico Latinoamericano, San José, Costa Rica, 1979, pp. 217-219. Cf. también Emilio E. Castro, «El pensamiento teológico en América Latina», *Cuadernos Teológicos* 10, abril-junio 1961, p. 97; y Charles F. Denton, «La mentalidad protestante: un enfoque sociológico», en *Fe cristiana y Latinoamérica hoy*, ed. por C. René Padilla, Ediciones Certeza, Buenos Aires, 1974, pp. 76-77.

[6] Escobar, «El reino de Dios», p. 133.

sentido abrumados por la Iglesia Católica Romana, que tenía controlada a la mayoría de la población, usaba la política para aumentar su poder, y se oponía a la disidencia para prevenir cualquier participación significativa de los protestantes en los centros de poder. En el período contemporáneo, los evangélicos más suceptibles al fundamentalismo nativo o importado han internalizado lo que podría calificarse como una «conciencia oprimida». Es decir, pertenecen a esos sectores de la población latinoamericana que vive más profundamente el drama de América Latina: la miseria, la explotación, la opresión por parte de aquellas fuerzas que han usurpado el poder, ya sean políticas, militares, económicas o religiosas.[7]

Como tales, estos evangélicos tienen temor a cualquier cambio, a cualquier cosa que pueda amenazar la estabilidad frágil de su mundo. La manera de mantener un sentido de seguridad para sí mismos es desarrollar un carácter conservador, casi reaccionario.[8] La conciencia oprimida de muchos evangélicos se ve reforzada por las organizaciones eclesiásticas de las que son miembros. Estas instituciones suplen las estructuras socio-culturales que dan un carácter sagrado a este estado de opresión y que, de este modo, congelan la conciencia oprimida. Esto es lo que en definitiva resulta, porque estas instituciones «proclaman y requieren de sus fieles que crean que se encuentran dentro de estructuras institucionales que están signadas con el sello de la voluntad de Dios».[9]

A estos factores es necesario agregar la circunstancia de que la mayoría de los evangélicos ha pertenecido generalmente a las clases sociales baja o media baja. La participación de estas clases sociales en la transformación y control de los procesos políticos en América Latina ha sido mínima.

---

[7] Christian Lalive d'Epinay, «Latin American Protestantism in a Revolutionary Context», *The Lutheran Quarterly* 22, febrero 1970, pp. 31-33.
[8] *Ibid.*, p. 32.
[9] *Ibid.*, p. 33.

¿Cuál ha sido nuestro perfil? 65

Como ha concluído Lalive d'Epinay: «1) La clase social determina un nivel de conocimiento político particular, pero 2) dentro de cada clase social, el hecho de ser protestante está relacionado al hecho de tener mucha menos información que otros grupos de la misma clase social».[10] La adaptación de la mentalidad tradicional de clase baja a una sociedad religiosa que es ultramundana en su orientación ha resultado, según Lalive d'Epinay, en la apolitización o falta de compromiso social de la mayor parte de los protestantes en América Latina.

Además, las leyes de las diversas naciones latinoamericanas no han brindado demasiadas oportunidades que pudiesen haber alentado a los evangélicos con vocación política o social a buscar posiciones en el gobierno o en agencias de servicio social. La condición de «ciudadanos de segunda» que han tenido que sufrir los evangélicos en muchos países y hasta años recientes, los ha mantenido al margen de toda posibilidad de compromiso.

Pero hay también razones teológicas que explican la prevaleciente actitud de descompromiso. En razón de que la mayoría de las denominaciones son muy conservadoras, sostienen la escatología típica del fundamentalismo, en la que el dispensacionalismo y el premileniarismo son algunos de sus elementos más distintivos. «Una teología dispensacionalista y premilenialista presupone una visión de un mundo caído, cuya pecaminosidad se ve reflejada en sus estructuras y en su forma de vida».[11] El resultado inmediato de la interpretación dispensacionalista de la historia y su hermenéutica correspondiente es la alienación de la iglesia respecto al mundo. Carl F.H. Henry ha sugerido que «al tornarse ultramundano en espíritu, el fundamentalismo no solo olvidó la exposición de la filosofía cristiana y de una

---

[10] Christian Lalive d'Epinay, *Religión e ideología en una perspectiva sociológica*, Seminario Evangélico de Puerto Rico, Río Piedras, Puerto Rico, 1973, p. 54.
[11] Escobar, «El reino de Dios», p. 133.

ética constructiva personal y social, sino incluso se tornó desconfiado de tales intereses».[12] De esta manera, la política y la acción social son entendidas como «cosas del mundo», y como prácticas o acciones peligrosas y sucias. Julio de Santa Ana dice que el fundamentalismo ha insistido tanto en el carácter ultramundano del cristianismo que ha llegado a perder de vista la dimensión social del Evangelio.[13]

Formas de compromiso evangélico

Si bien el protestantismo latinoamericano fue preparado por los misioneros norteamericanos para aceptar una relación estrecha entre políticas conservadoras y reaccionarias con el Evangelio de Cristo, no por ello careció de variadas expresiones de compromiso social y político. Por su dependencia del protestantismo norteamericano, el protestantismo latinoamericano se saturó con los valores, ideas y normas de comportamiento que dominaban en la sociedad del norte. En este sentido, la crítica social y política quedó reducida a los males de la conducta individual, tales como el alcoholismo, las drogas, el tabaco, el baile, el juego de azar, etc. No sólo que la opresión social, económica y política no fue denunciada como opuesta a los principios cristianos, sino que en algunos casos se la santificó y justificó con argumentos cristianos.

No obstante, algunos líderes evangélicos muy conservadores, especialmente a partir de los años de 1960, comenzaron a señalar que la justicia social y política era un

---

[12] Carl F.H. Henry, *Evangelical Responsibility in Contemporary Theology*, William B. Eerdmans, Grand Rapids, 1957, p. 33.
[13] Julio de Santa Ana, *Protestantismo, cultura y sociedad: problemas y perspectivas de la fe evangélica en América Latina*, Editorial La Aurora, Buenos Aires, p. 112. Cf. también Israel Belo de Azevedo, «A redoma e o horizonte», *Simposio*, 1967, pp. 67-108; Jorge Lara-Braud, «Protestants and the Process of Integration», en *Integration of Man and Society in Latin America*, ed. por Samuel Shapiro, University of Notre Dame Press, Notre Dame y Londres, 1967, pp. 209-210.

aspecto importante del servicio cristiano. En Brasil, donde el rechazo de la idea de una acción política cristiana ha estado bastante generalizado, líderes pentecostales como Manoel de Melo, Levy Tavares y Geraldino dos Santos han expresado la necesidad de un compromiso más responsable desde la fe evangélica.[14] De este modo, es posible ver en el protestantismo latinoamericano fuerzas que tímidamente pugnan por asumir cuotas de mayor compromiso en la sociedad, no a pesar de su fe sino por causa de ella.

Esto es particularmente cierto si se toma en cuenta que una buena parte de los evangélicos en el continente son el producto de fuerzas indígenas y de movimientos populares bien enraizados en las masas. El protestantismo en América Latina ha servido generalmente como una protesta contra los valores de la hispanidad de la sociedad tradicional y como un rechazo de la influencia de la Iglesia Católica oligárquica. Estos valores han estado estrechamente asociados con el individualismo característico del alma hispana y la idea de cristiandad basada en la alianza de la Iglesia Católica con el Estado. En este esquema de cosas, la Iglesia ha estado aliada a lo que quedaba del tradicionalismo hispánico. Y por mostrarse como la incorporación más auténtica y estable de la virtud hispánica, estuvo también aliada a la sociedad terrateniente, cuya política conservadora colocó a la Iglesia en conflicto con el liberalismo de las élites urbanas. Como una alternativa al monopolio religioso católico romano, las denominaciones protestantes han logrado cierto impacto dentro de reducidos sectores de la emergente clase media y dentro de los sectores que aspiran a ascender a ella. Estas son iglesias de clase media y de pobres en ascenso social, mayormente ubicadas en los centros urbanos.

No obstante, estas iglesias evangélicas, como se ha visto, no plantearon un mensaje de liberación de las alianzas

---

[14] Walter Hollenweger, *El pentecostalismo: historia y doctrinas*, Editorial La Aurora, Buenos Aires, 1976, pp. 128-129.

políticas opresivas sino más bien un mensaje de liberación de la hegemonía espiritual católica. Por eso, aun cuando el avance del movimiento evangélico durante el siglo XX ha resultado en una importante contribución a la sociedad a través de la introducción de beneficios sociales (escuelas, hospitales, instituciones de asistencia social, casas de amistad, etc.), que representaban implícitamente la ideología del liberalismo, se seguía esperando con cierta ingenuidad que la transformación gradual de la sociedad se produciría mediante la corrección de las faltas en el nivel individual.

Irónicamente, de todos modos, los evangélicos gozan cada vez más de una sólida y creciente base popular. Y esto es así porque su prédica y acción han producido y profundizado la sospecha y desconfianza respecto de las élites dominantes, que pretenden garantizar la estabilidad y el *status quo*. El anti-intelectualismo y apoliticismo de muchos evangélicos es en realidad un anti-elitismo disfrazado; un rechazo o reacción contra la erudición, el poder económico y político de las élites en el gobierno y la religión. Es precisamente esta mentalidad anti-elitista y apoyada en el sentido común, la que hace que los evangélicos hayan tenido mucho más éxito en captar a las masas populares que la propia teología de la liberación. Debe tenerse en cuenta que la presente explosión de crecimiento no se da de los sectores medios de la sociedad para arriba, sino entre los más desheredados. Es allí donde los evangélicos han concentrado su prédica y acción, apuntando a las necesidades más inmediatas de las personas y procurando llenarlas con todos los medios (espirituales y humanos) a su alcance. En este sentido, David Stoll sugiere que estos cristianos están encarando los aspectos más íntimos de la vida de las personas de maneras innovativas, que pueden tener un efecto de largo plazo sobre la cultura paternalista latinoamericana.[15]

---

[15] David Stoll, «A Protestant Reformation in Latin America?», *The Christian Century* 107, 17 de enero de 1990, p. 47.

¿Cuál ha sido nuestro perfil? 69

En razón de que los evangélicos latinoamericanos están probando ser capaces de responder inmediatamente a las necesidades de las clases más bajas, van a continuar creciendo en número e influencia en América Latina. La presencia evangélica es generalmente aceptada y valorada por segmentos significativos del pueblo en Guatemala, Nicaragua, Brasil, Chile y (en menor grado) en Argentina. En buena medida, esto se debe a la influencia benevolente que los evangélicos han tenido sobre la sociedad como un todo a través de sus obra educativa y filantrópica.[16] David Martin ha señalado que mediante el establecimiento de hospitales, escuelas, orfanatos y programas de ayuda mutua —en efecto, mediante «la creación autónoma, ex nihilo, de un sistema de asistencia social y de avance educativo»— los evangélicos han movilizado al estrato más bajo de la sociedad y afectado la sique colectiva «hasta tal punto que alteran su posición social».[17]

La penetración protestante en el continente se profundizará y con ello aumentará su participación en las esferas política, social, económica y cultural. El peso político y social de los números evangélicos es muy difícil de predecir, pero sí es posible anticiparlo como algo seguro. Los latinoamericanos están buscando vías de expresión en un contexto que no ofrece muchas oportunidades para la participación sociopolítica. El pasado reciente ha hecho realidad la predicción de Lalive d'Epinay respecto del pentecostalismo, en el sentido de que «si las posibilidades para la participación social y política abiertas a las clases populares se reducen, crecerán las oportunidades para la difusión del pentecostalismo en la misma proporción».[18]

En tanto continúen en América Latina las presentes condiciones de opresión, pobreza e injusticia, miles y miles

---

[16] David Martin, *Tongues of Fire: The Explosion of Protestantism in Latin America*, Basil Blackwell, Oxford y Cambridge, MA, 1990, p. 45.
[17] *Ibid.*
[18] Christian Lalive d'Epinay, «Reflexiones a propósito del pentecostalismo chileno», *Concilium* 19, enero de 1983, p.104.

de latinoamericanos encontrarán en las iglesias evangélicas la única avenida abierta para una protesta social y política de corte religioso. En tanto los gobiernos continúen hipotecando a los países del continente en función de una ideología neo-liberal y en conformidad a los dictados de un orden económico mundial centrado en los intereses del mercado, las iglesias evangélicas serán quizás las únicas entidades que operen como comunidades solidarias en favor de los marginados del proceso. De este modo, las congregaciones evangélicas se transformarán en la única forma legalmente aceptada en la que podrán expresarse los problemas, las dudas y esperanzas de los pobres.[19] De hecho, la mayor parte de los evangélicos latinoamericanos hoy pertenecen a las clases sociales baja y media baja. Sin embargo, si el celo religioso y la fe piadosa de los evangélicos latinoamericanos experimenta un giro en su orientación teológica y ésta se vuelca un poco más a las preocupaciones mundanas, es probable que en un contexto en el que empeoren las condiciones económicas y sociales, la influencia directa de los evangélicos sobre los procesos sociales y políticos en el continente resulte inmensa.

Defensores de la fe y predicadores de la verdad

Una evangelización combativa

Una de las características más descollantes del protestantismo del pasado es su fuerte carácter combativo, especialmente contra la Iglesia Católica Romana. La controversia fue, durante décadas, el método por excelencia para la proclamación del mensaje evangélico. El abuso del dominio católico romano sobre la cultura y la sociedad como un todo, colocaba a los evangélicos en una posición marginal y vulnerable. No quedaban muchas alternativas, más que

---

[19] Véase Juan Tennekes, *La nueva vida: el movimiento pentecostal en la sociedad chilena*, publicado por el autor, Amsterdam, 1973, p. 130.

¿Cuál ha sido nuestro perfil?

predicar la Verdad mediante la denuncia del error. Como bien apunta Samuel Escobar, la presencia evangélica tomó por fuerza «un carácter polémico, una nota de abierto desafío al *statu-quo*».[20] El corazón de todo el debate anti-romanista giraba en torno de lo que con precisión W. Stanley Rycroft calificó como la oposición entre «religión» y «fe».[21] Se interpretaba a la religión católicoromana como una forma de idolatría, superstición y magia. Detrás de estas denuncias había un rechazo más generalizado de la religión como algo transmitido y heredado con la cultura, como un conjunto de observancias, como ritual y ceremonia, como algo frío mediado a través de instituciones, sacramentos y sacerdocio. Por el contrario, la fe era descrita como algo inmediato, como una participación y compromiso personal, y una experiencia individual signada por la espontaneidad. En la predicación, frecuentemente se expresaba el contraste hablando de una religión viva en oposición a una religión muerta. En este marco, la conversión personal significaba una liberación de toda la estructura religiosa-social romanista, e involucraba el inmediato abandono de la Iglesia Católica Romana y toda alianza con su doctrina y práctica.

La idea de que el catolicismo, a diferencia del protestantismo, había estimulado una moralidad baja y el atraso cultural y social de América Latina, fue el tema central de la predicación evangélica a lo largo de todo el presente siglo. Por cierto que tal prédica encerraba implicaciones sociales, no solo para el mejoramiento de la calidad de la vida familiar, sino también para la creación de una comunidad de cierto orden moral, que los reformadores políticos y sociales latinoamericanos admiraban en los países de mayoría protestante.[22]

---

[20] Escobar, «El reino de Dios», p. 131.
[21] W. Stanley Rycroft, *Religión y fe en América Latina*, Editorial La Aurora, Buenos Aires, 1961.
[22] Para una discusión de las actitudes anticatólicas, cf. Scott Mainwaring,

En buena medida, la identidad evangélica latinoamericana está profundamente marcada por este espíritu combativo y confrontacional. Este impulso está en la base de la dinámica proselitista de la mayor parte del protestantismo de América Latina. Según Gonzálo Castillo Cárdenas, este protestantismo ha asumido una postura permanente de contradicción y rectificación, y se ha presentado como una alternativa al catolicismo tradicional. Esta postura está condicionada profundamente por su propia forma de pensamiento y los énfasis característicos, como así también por sus negaciones y oposiciones. Como resultado de esta tensión se deriva tanto el vigor como la validez de la presencia protestante en el continente, así como también sus limitaciones y compromisos.[23]

Celo por el evangelio

Muy internalizado en la conciencia evangélica colectiva latinoamericana está el respeto y fidelidad a la Biblia como Palabra de Dios. La Biblia ocupa un lugar central en la vida y la predicación del protestantismo latinoamericano como única autoridad en materia de fe y práctica.[24] Este aprecio de la Biblia resulta del hecho que fue el texto sagrado el factor germinal del cristianismo evangélico en el continente. El protestantismo latinoamericano se modeló alrededor de la Biblia. En consecuencia, mucha de su energía se invirtió en preservar y solidificar el lugar central de este fundamento, frente a los desafíos del catolicismo pagano, el liberalismo europeo, el agnosticismo librepensador o el materialismo comunista. Para los evangélicos defender la

---

The Catholic Church and Politics in Brazil, 1916-1985, Stanford University Press, Stanford, CA, 1986.
[23] Gonzalo Castillo Cárdenas, «Protestant Christianity in Latin America: An Interpretation of Today's Situation», Student World 57, 1964, p. 62.
[24] Rolando Gutiérrez Cortés, «Espíritu y Palabra en la comunidad evangelizadora», en América Latina y la evangelización en los años 80, n.l., CLADE II, 1979, p. 190.

¿Cuál ha sido nuestro perfil?

Biblia y predicarla con fidelidad era una manera de proteger su matriz fundamental de cualquier ataque y garantizar la estabilidad de la comunidad sobre una base común de autoridad.

Los evangélicos latinoamericanos no nos hemos podido poner de acuerdo en muchas cosas, pero donde sí hemos estado concordes y unidos ha sido en cuanto al aprecio por la Biblia y el esfuerzo por su difusión. Ninguna otra organización evangélica ha tenido tanto poder de convocación en nuestro continente como la sociedad bíblica. Junto con esto, la predicación de la Biblia ha sido otro factor aglutinante, especialmente a través de grandes campañas de evangelización.

Esta alianza a una fuente de autoridad religiosa suprema e incuestionable debe ser entendida a la luz de la lucha del protestantismo evangélico latinoamericano por sobrevivir como minoría religiosaa en medio de una gran oposición. Los evangélicos hemos necesitado siempre de una base de autoridad absoluta que contrarrestara las pretensiones de la Iglesia Romana basadas en la tradición y el magisterio. Para nosotros esta fuente común de autoridad es la Biblia que, como Palabra de Dios reconocida por todos, puede estar directamente en las manos de todo creyente individual guiado por el Espíritu, como su única guía necesaria para la fe y la práctica cristianas. Los evangélicos latinoamericanos hemos enfatizado este impulso histórico afirmando: «Ningún credo, sino la Biblia». El derecho a la interpretación privada, bajo la inspiración del Espíritu Santo, y la afirmación de las creencias y prácticas del cristianismo primitivo como normativas y autoritativas completan el cuadro. De este modo, el cristianismo primitivo es un modelo para imitar.

No obstante, en nuestro celo por el evangelio, según está registrado en las Escrituras, la mayoría de los evangélicos no hemos buscado un retorno completo a este pasado sagrado ni hemos hecho una imitación exacta de lo que leemos en las páginas bíblicas. Más bien, lo que hemos hecho es una apropiación selectiva de sus valores, doctrinas y rasgos distintivos para llevar a cabo nuestra «cruzada de fe» contemporánea.[25]

De este modo, la Biblia es el símbolo por excelencia de la fe evangélica latinoamericana. Los evangélicos somos conocidos como «el pueblo del Libro». El estudio de la Biblia es considerado como fundamental por la mayoría de los protestantes en el continente. Es por esto que el movimiento de las Escuelas Dominicales ha tenido una gran relevancia en nuestras iglesias. Muchos evangélicos analfabetos llevan su Biblia debajo del brazo no tanto para el fin práctico de leerla, sino como un símbolo de su fe evangélica. Pero sobre todas las cosas, la predicación de la Verdad bíblica ha sido un elemento distintivo de los evangélicos latinoamericanos. El celo por la Biblia, su difusión, enseñanza y predicación, ha sido expresión del celo por el evangelio que distingue a los evangélicos de esta parte del mundo.

Un evangelio limitado y un evangelio integral

Los evangélicos hemos tendido a considerar la evangelización en un sentido estrecho o «espiritual». Junto con nuestra limitación del alcance del evangelio, hemos limitado también el alcance de la evangelización. En general, hemos considerado a la evangelización como la única actividad legítima de la iglesia, y dejado de lado todo involucramiento de la misma en cualquier otra forma de compromiso con la sociedad. Hemos temido que tal compromiso pudiese alejar a la iglesia de su misión evangelizadora central y someterla a una especie de religión de buenas obras, un humanitarismo secularizado, e incluso una forma de agitación política y social. Hemos entendido a la iglesia

---

[25] Pablo A. Deiros, «Protestant Fundamentalism in Latin America», en *Fundamentalism Observed*, ed. por Martin E. Marty y R. Scott Appleby, University of Chicago Press, Chicago y Londres, 1991, p. 168.

como una institución única y divina que, si bien está en el mundo, no se atreve a identificarse institucionalmente con los movimientos sociales y políticos que abierta o solapadamente son antirreligiosos, o que abogan por la violencia y el odio como medios para alcanzar supuestos fines cristianos.[26]

Énfasis individualista

Entre los evangélicos latinoamericanos prevalece todavía un énfasis individualista sobre la interpretación de la fe cristiana.[27] Esto significa que, si bien a veces se justifican las guerras revolucionarias del pasado como un último recurso para ganar la independencia y la libertad nacional, se considera irreflexivamente la amonestación del apóstol Pablo como la norma cristiana definitiva: «Si es posible, en cuanto dependa de vosotros, estad en paz con todos los hombres» (Romanos 12.18; ver el contexto de Romanos 12.14—13.7). Para la mayoría de los evangélicos latinoamericanos sigue siendo fundamental que el mensaje cristiano se enfoque primariamente sobre la transformación interior de vidas a través de la fe en Jesucristo, más bien que sobre la mera reestructuración exterior de las instituciones humanas. Esta posición, si bien no es necesariamente incompatible con una genuina preocupación social, en muchos casos ha dejado a las iglesias evangélicas latinoamericanas sin un programa de acción social efectivo.

La misión de la iglesia ha sido entendida tradicionalmente como la de cambiar vidas individuales y construir el poderío de las instituciones eclesiásticas. A esto se agrega la convicción de que la sociedad mejorará sólo en la medida

---

[26] De Santa Ana, *Protestantismo, cultura y sociedad*, pp. 111-113; e Hiber Conteris, «El rol de la Iglesia en el cambio social de América Latina», *Cristianismo y Sociedad* 3, n. 7, 1965, p. 55.
[27] Belo de Acevedo, *As cruzadas inacabadas*, pp. 156-157.

en que haya un aumento en el número de personas transformadas.[28] Esto es lo que Lalive d'Epinay calificó como «huelga» sociológica en su análisis del pentecostalismo chileno.[29] Pero muchos otros evangélicos han enseñado a sus miembros el retiro y la pasividad en materia sociopolítica, limitándose a alentar solamente el cumplimiento del mandamiento de someterse a las autoridades. De esta manera, sin quererlo, se han transformado en defensores del *status quo* en lugar de ser promotores del cambio.

La prédica evangélica tradicional ha enfatizado al individuo por sobre la sociedad. La justificación número uno para la empresa misionera ha sido la posibilidad intrínseca de cada evangélico individual de transformar a los latinoamericanos, creando en ellos nuevas pautas de conducta y de normas éticas. Los nuevos convertidos pasaban así de una vida vieja a una vida nueva, de condenación a salvación. Las estructuras económicas, políticas y sociales quedaban afuera de la experiencia religiosa del individuo. Sin embargo, se esperaba que el creyente individual produjese el cambio social a través del testimonio cristiano a una sociedad perdida. Consiguientemente con esta concepción, el individuo es la piedra de toque sobre la cual se asienta toda posibilidad de cambio social o religioso en América Latina. Como observa José Míguez Bonino: «El énfasis principal de la proclamación protestante en América Latina ha sido sin dudas el llamado a la conversión individual concebida en términos de la teología y la práctica del avivamiento evangélico angloamericano... Contra el trasfondo del catolicismo romano tradicional, la predicación protestante enfatizó

---

[28] *Ibid.*, p. 157. Este es el énfasis característico de las denominaciones que tienen la perspectiva del evangelista Billy Graham en cuanto al cambio social. Véase Billy Graham, *World Aflame*, Doubleday, Garden City, NY, 1965, p. 182. Cf. José Míguez Bonino, «Fundamentos teológicos de la responsabilidad social de la iglesia», en *La responsabilidad social del cristiano: guía* de estudios, ed. por ISAL, Iglesia y Sociedad en América Latina, Montevideo, 1964, pp. 23-24.
[29] Lalive d'Epinay, *El refugio de las masas*, pp. 163-180.

¿Cuál ha sido nuestro perfil?

la necesidad de un encuentro personal con Jesucristo, una experiencia viviente de perdón y conversión y la evidencia de una nueva vida expresada en la proclamación del evangelio».[30]

Esta noción lleva a una expectativa del predominio de lo espontáneo por sobre lo intencional en relación con el cambio. Una convicción prevaleciente impartida por el movimiento misionero es que la transformación social, política y económica de América Latina ocurrirá espontáneamente y en la medida en que se dé el proceso de evangelización y aumente el número de conversiones. Así se afirma que muchos de los habitantes de las zonas marginales en las grandes ciudades latinoamericanas necesitan una religión que pueda servir como refugio en una sociedad que es percibida como en un estado de desintegración permanente y progresiva. Solo una religión así puede librarlos del temor, las amenazas, la represión, el hambre y la muerte, que parecen prevalecer. Los evangélicos hemos sostenido que la nuestra es ese tipo de religión, y que es la única respuesta posible a los problemas que aquejan a nuestro continente. Con esto, todo tipo de acción deliberada y orientada al cambio socio-político-económico se ve frustrada por un fenómeno puramente religioso.

El carácter divisivo de esta ideología se hizo evidente en el hecho de que las diferencias religiosas entre los diversos grupos evangélicos estuvieron basadas no solo sobre convicciones teológicas, sino en buena medida sobre presuposiciones ideológicas. Estas presuposiciones ideológicas saltaron a la superficie al confrontarse los varios grupos con los desafíos y conflictos de los procesos políticos y sociales en América Latina, especialmente con el fracaso de los proyectos desarrollistas y reformistas de la década de 1960 en adelante. De este modo, las diferencias inter-eclesiásticas dieron lugar a las diferencias intra-eclesiásticas. Esto

---

[30] José Míguez Bonino, «Protestantism's Contribution to Latin America», *The Lutheran Quarterly* 22, febrero de 1970, p. 93.

significó que a veces no importaba tanto si uno era bautista o metodista, sino si uno estaba a la «izquierda» o a la «derecha» del espectro ideológico-político, o si estaba comprometido o no en cuestiones sociales.

Postergación escatológica

En razón de que los evangélicos hemos colocado el fin de la historia fuera de la historia, nuestra conciencia social está postergada o sometida. Nuestras organizaciones han reforzado esta conciencia oprimida mediante la provisión de una estructura sociocultural que atribuye un carácter sagrado al estado de opresión. Las iglesias evangélicas no sólo forman parte de esas estructuras que contribuyen al mantenimiento del estado de opresión, sino que refuerzan la alienación humana reclamando sobre ellas una especie de derecho divino. Cualquier reclamo de justicia o liberación de la opresión es transferido a un futuro escatológico remoto. Como bien lo expresa un himno evangélico tradicional: «Si sufrimos aquí, reinaremos allí, en la Patria celestial».

La consecuencia de esta visión es que el Reino de Dios no es parte del mundo histórico. Injusticia, opresión y otros males desaparecerán con la Segunda Venida de Cristo. En palabras de una revista evangélica: «Creemos que la Segunda Venida de Cristo pondrá fin a la miseria y el dolor, a las guerras, enfermedades y la muerte, y abrirá el camino para el establecimiento de un reino de paz y justicia, tan anhelado por el hombre, y que sólo un Dios de amor puede establecer».[31] Mientras se espera que esto ocurra, la actitud política y social correcta para el creyente fiel es la de sumisión a las autoridades establecidas. Para ello, generalmente se sugieren tres pasos: (1) cultivar la conciencia mental de que todas las autoridades son instituidas por Dios; (2) reconocer que tanto la sujeción como la rebelión

---

[31] Israel Leito, «Frente a una tarea gigantesca en América Latina», *El Centinela*, setiembre de 1979, p. 9.

son esencialmente actitudes más que acciones; y (3) confiar que Dios cambiará a aquellas autoridades que no son justas. Hay muchos gobernantes, oficiales, administraciones, leyes, normas, ordenanzas y restricciones injustas en nuestros países. Y Dios sabe de cada una de ellas. Ellas existen bajo su permiso para cumplir su propósito. Cuando ese propósito se haya cumplido, entonces serán quitadas.[32]

Entre los evangélicos, el texto bíblico más comúnmente citado con respecto a la política es Daniel 2.21: «El muda los tiempos y las edades; quita reyes, y pone reyes; da la sabiduría a los sabios, y la ciencia a los entendidos». Según este concepto, el futuro de América Latina está bajo el control directo de Dios; el reino de Dios no tiene nada que ver con un proyecto histórico. Esto es particularmente cierto en relación con la mayoría de los evangélicos latinoamericanos, incluso en nuestros días.

---

[32] Jon Basham, «El cristiano y el gobierno secular», *Vino Nuevo* 2, setiembre-octubre 1977, p. 22.

CAPÍTULO 4

¿DÓNDE ESTAMOS?

Se dice, generalmente, que los historiadores nos ocupamos del pasado. Sin embargo, y quizás por ello mismo, los historiadores estamos en mejores condiciones que otros estudiosos del quehacer humano, para entender el presente y vislumbrar el futuro. Por lo menos, nuestro conocimiento de lo ocurrido y la experiencia personal de lo que acontece, nos habilitan de algún modo para trazar las tendencias que marcan la dirección en que se está moviendo la realidad humana y su orientación hacia adelante.

El análisis de las tendencias presentes es un intento por discernir con sabiduría «las señales de los tiempos». En Eclesiastés 8.5 leemos: «El corazón del sabio discierne el tiempo y el juicio». Jesús reprendió a los fariseos y saduceos precisamente por no ser capaces de distinguir «las señales de los tiempos» (Mt 16.3). Quizás nunca como hoy nos resulta más necesario llevar a cabo este ejercicio de análisis crítico y espiritual del tiempo que nos toca vivir.

Mirando a nuestro mundo y analizando la información a la luz de la revelación bíblica y la experiencia cristiana, bajo la guía del Espíritu, es posible interpretar el *kairós* de Dios y su proyección hacia el futuro. Como señala Howard A. Snyder: «Discernir tendencias no es profecía, pero si se lo hace con cuidado y responsabilidad puede hacer que la iglesia sea más profética en su testimonio».[1]

En su libro *Megatrends 2000*, publicado en 1990, John Naisbitt y Patricia Aburdene nos introducen a lo que ellos consideran es la década más importante en la historia de la civilización: los años de 1990.[2] Según ellos, esta década resultará en una innovación tecnológica sorprendente, en un período de oportunidades nunca antes visto, en reformas políticas increíbles, y en un extraordinario renacimiento cultural. En sus predicciones, estos autores destacan que la vida en estos años se presentará con enormes posibilidades y tremendos desafíos. Los hombres y mujeres que hoy cuentan entre 20 y 30 años, se encontrarán en la plenitud de sus oportunidades para cuando finalice el siglo y la humanidad ingrese a un nuevo milenio. De veras que los años que estamos viviendo son de un carácter muy singular y es un tiempo muy especial el que nos toca vivir.

Intentar responder a la cuestión de la presencia de la Iglesia en el mundo, su protagonismo presente y futuro, y considerar las mejores bases para el ministerio evangélico en el futuro en América Latina, presupone una consideración de la realidad presente y de las tendencias más relevantes que, desde esa realidad, se proyectan hacia el porvenir más o menos inmediato. En la presente discusión, quisiera abordar la consideración de algunos factores a

---

[1] Howard A. Snyder, «World Trends and Evangelization: An Introduction», *World Evangelization* 15, mayo-junio 1988, p. 4.
[2] John Naisbitt y Patricia Aburdene, *Megatrends 2000: Ten New Directions for the 1990's*, William Morrow, Nueva York, 1990.

tomar en cuenta en nuestro análisis de la realidad evangélica latinoamericana de hoy. Es decir, ¿dónde estamos ubicados, como iglesia evangélica latinoamericana, en el presente de nuestro continente? Junto con esto, será bueno preguntarnos también: ¿Cómo nos estamos preparando para estos próximos años tan llenos de novedades? ¿De qué manera las perspectivas de un nuevo mundo, totalmente diferente del que construyeron nuestros padres, afecta nuestra manera de creer y vivir la fe en Jesucristo? ¿Cuál es el lugar que, como discípulos de Jesús, debemos ocupar en este nuevo mundo complejo y emocionante, que se está gestando en las postrimerías del siglo XX? ¿Cuáles son las bases más adecuadas para el desarrollo de un ministerio evangélico efectivo con miras al milenio que se avecina?

Antes de responder a estas preguntas y muchas otras, es necesario tener en cuenta algunos factores que surgen de la realidad presente. Por cierto, no será posible considerar todos los factores. Pero sí quiero detenerme en aquellos que me parecen más interesantes y que estimo son relevantes en nuestra comprensión de la presencia de la iglesia en nuestro mundo de hoy.

De iglesias regionales a una iglesia mundial

Howard A. Snyder señala que muchas de las tendencias más elementales de nuestros días tienen que ver con la «globalización» de la iglesia y el mundo.[3] La interdependencia e intercomunicación a nivel mundial están incrementándose de manera vertiginosa. No hace mucho se le preguntó a Alvin Toffler de qué manera podía decirse que la sociedad de masas sería desmasificada en la era de la televisión y el mercadeo global. El conocido anticipador del tercer milenio respondió: «Cada país generará una nueva cultura, una identidad distinta de las culturas industriales y preindustriales. Esta nueva cultura se formará con elementos que procederán del resto del mundo. Cada sociedad contribuirá

---

[3] Snyder, «World Trends and Evangelization», p. 4.

al ensamble de una cultura propia sacada de un modelo global».

Muchos estudiosos de las tendencias presentes y de su proyección hacia el futuro nos anticipan un mundo en el que el intercambio dinámico de la información nos permitirá sentirnos, por primera vez en la historia, parte de un solo mundo. Es evidente que está produciéndose una globalización de la economía, la información, la política y la cultura en general. Los estilos de vida son cada vez más globales, tanto que Coca-Cola, IBM, McDonnals, Cannon, Nike, Apple, Ford y Windows son nombres tan conocidos como Madonna, Michael Jackson, Paul McCartney, Diego Maradona y otros.

La Iglesia de hoy es también más universal que nunca antes. Se está produciendo una internacionalización de la Iglesia que, a su vez, está resultando en una verdadera revolución. Esta revolución consiste en el desplazamiento del centro de gravedad de la cristiandad, de los países del Atlántico Norte al hemisferio sur, o de lo que se conocía como el Primer Mundo al Mundo de los Dos Tercios. Este es un fenómeno nuevo en el desarrollo del cristianismo en el planeta. Es cierto que la iglesia de Jesucristo ha sido siempre «católica», o sea, universal. Pero hoy lo es más que nunca antes en toda su historia. En el siglo XIX, un tercio de la humanidad era cristiana y estaba constituida por un 80% de personas de raza caucásica. Durante el siglo XX, la religión cristiana se ha desarrollado como una fe global: la religión más universal en la historia de la humanidad.[4]

A fines de la década del 80, se decía que la fe cristiana estaba creciendo a un promedio de unas 65 nuevas iglesias por día, la mayor parte de ellas ubicadas en las naciones más populosas y pobres del hemisferio sur. Hoy los cristianos suman aproximadamente un tercio de la población mundial total, y más de la mitad de la población en los dos tercios de las 223 naciones del mundo. «La iglesia cristiana se ha trasformado en una amalgama de las razas y pueblos

---

[4] *Ibid.*, pp. 5-6.

del mundo, con los blancos cayendo de ser más del 80% a cerca del 40%».[5]

Hacia 1900, en el hemisferio norte había 462 millones de cristianos, que constituían el 83% del total mundial. En el hemisferio sur había apenas 96 millones de cristianos, que representaban el 17% del total mundial. Sin embargo, ya en 1980 los cristianos del hemisferio sur sumaban 700 millones de creyentes, lo que representaba casi el 50% del total mundial. Ese mismo año marcó un giro sustancial para los evangélicos, ya que el porcentaje de evangélicos en el Mundo de los Dos Tercios igualó al número de aquellos en Occidente y en Europa Oriental. Este porcentaje continuó creciendo entre 1980 y 1985, de modo tal que, en 1985, del total de cristianos evangélicos, el 34% se encontraba en el Primer Mundo, mientras que el 66% estaba en el Mundo de los Dos Tercios. Hoy, la iglesia de las naciones históricamente consideradas como cristianas constituye la iglesia minoritaria a nivel mundial.

Según las estadísticas, como vimos, está surgiendo en el mundo un total de más de 65 iglesias nuevas por día, la mayoría de ellas en el hemisferio sur. ¡Y los caucásicos apenas alcanzan el 40% de su membresia! Se estima que para el año 2000 algo más del 50% de todos los cristianos estará en el hemisferio sur.

Estas afirmaciones incluyen a la Iglesia Católica Romana. El misionólogo Walbert Bühlmann señala: «Lo que efectivamente es el centro de gravedad del cristianismo en Occidente ha girado más y más». Según él, el punto crítico se alcanzó en 1970, cuando un 51% de los católicos estaban viviendo en el hemisferio sur (América Latina, Africa y Asia-Oceanía). «Para el año 2000», dice él, «un buen 70% de todos los catolicorromanos estarán viviendo en el hemisferio sur».[6] Bühlmann señala los corolarios de este cambio de eje, cuando dice:

---

[5] *Ibid.*, 6.
[6] Walbert Bühlmann, *The Church of the Future: A Model for the Year 2001*, Orbis Books, Maryknoll, NY, 1986, p. 5.

... se está acercando la Tercera Iglesia, la iglesia del Tercer Mundo pero también la iglesia del Tercer Milenio. Hablando en general, podemos decir que el primer milenio cristiano, con los primeros ocho concilios, todos ellos celebrados en el Este, estuvo principalmente bajo el liderazgo de la Primera Iglesia, la iglesia Oriental; el segundo milenio estuvo bajo el liderazgo de la Segunda Iglesia, la iglesia Occidental, que dio forma a la Edad Media y que, desde el tiempo del «descubrimiento del Nuevo Mundo», asumió todas las iniciativas misioneras. Ahora el tercer milenio venidero estará evidentemente bajo el liderazgo de la Tercer Iglesia, la iglesia del Sur. Estoy convencido que los impulsos e inspiraciones más importantes para toda la iglesia del futuro vendrán de la Tercera Iglesia.[7]

Bühlmann agrega que la Iglesia es ahora una Iglesia que está en los seis continentes con una misión en marcha en los seis continentes. «Uno de los nuevos deberes más importantes de los líderes de la Segunda Iglesia», señala refiriéndose en particular a la Iglesia Católica Romana pero por extensión a todo el cristianismo occidental, es "poner en conocimiento de su gente el hecho de que ya no son más *la* iglesia sino que se han tornado parte de una iglesia más grande". Hoy, dice Bühlmann, «cuando la iglesia vive en seis continentes, cada uno con su propia conciencia política, cultural y eclesiástica, la Iglesia allí no debe sólo acomodarse en las cosas exteriores, sino radicalmente encarnarse en estas culturas».[8] El desafío misionológico clave para el futuro será cómo hacer esto sin comprometer el carácter bíblico de la fe evangélica y las verdades que proclama el Evangelio.

¿Qué significa todo esto para el futuro? Parece posible imaginar que la iglesia cristiana del futuro será mundial, étnica y culturalmente más diversa de lo que hasta ahora

---

[7] *Ibid.*, pp. 5-6.
[8] *Ibid.*, p. 6.

hemos conocido, y con más respeto mutuo por las formas de liderazgo, estilos, ministerios y tradiciones de otros. Ya estamos siendo testigos de expresiones globalizadas de la fe cristiana evangélica. Misión Mundo, el programa de predicación del Evangelio a nivel global vía satélite, desarrollado por la Asociación Evangelística Billy Graham, es una expresión de esto. De igual modo, la experiencia global de celebración de la fe cristiana con la Marcha para Jesús, reune cada año un número cada vez más impresionante de creyentes en las principales ciudades del mundo. En algunos casos, estos programas globales tienen una proyección no solo multitudinaria, sino también un impacto masivo en los lugares donde se llevan a cabo. El solo hecho de que hoy sea posible organizar a escala global eventos como estos es indicativo de cuán globalizadas están las tramas de relaciones, qué veloz es el intercambio, y cuán profundamente nos afectamos los unos a los otros con la circulación cada vez más frecuente de ideas, modelos, estrategias, maneras y estilos de vivir la fe en Jesucristo y compartirla.

De un crecimiento esporádico a un avivamiento global

Una de las predicciones más sorprendentes de Naisbitt y Aburdene (que no son cristianos en el sentido evangélico) es el avivamiento espiritual del nuevo milenio. Según ellos, al despuntar el tercer milenio hay señales inconfundibles de un avivamiento religioso mundial y multidenominacional. Quienes se ocupan de observar la realidad espiritual del mundo ven indicios de un despertar espiritual en todo el mundo.

Los jóvenes chinos y soviéticos están fascinados por la religión y se están volcando a la fe. Cada vez son más los jóvenes que se consideran «religiosos». Hay un incremento de la espiritualidad y el misticismo. Especialmente la gente joven, está buscando vivir una experiencia religiosa significativa. La afluencia de jóvenes a las iglesias evangélicas latinoamericanas hoy es una indicación de esta tendencia, como lo es también el rejuvenecimiento creciente de las congregaciones.

Un caso interesante de analizar es China. La iglesia cristiana ha sobrevivido en China las persecuciones más atroces que se hayan registrado en la historia del cristianismo. No obstante, en los últimos años su crecimiento ha sido increíble. El Centro de Estudios de la Iglesia China, con sede en Hong-Kong, afirma que en China continental hay no menos de 30 millones de cristianos. James Hudson Taylor, descendiente del eminente misionero de la *China Inland Mission*, asegura que el número de personas que confiesan a Cristo como Señor no es inferior a los 50 millones, es decir, alrededor de un 5% de la población. Si esto es cierto, significa que hoy hay en China 50 veces más creyentes que en 1953, cuando los misioneros occidentales fueron expulsados por el régimen comunista de Mao Tse-tung y se inició la peor persecución contra los cristianos en el presente siglo.

Hoy hay tres grupos cristianos que militan en China: la Iglesia Católica Romana, el Movimiento Patriótico de los Tres-Yos [Three-Self Patriotic Movement], y las iglesias subterráneas. La expresión más dinámica y de mayor crecimiento del cristianismo chino es la tercera. Los cristianos evangélicos chinos constituyen entre el 20 y el 25% del total mundial. Sea como fuere, el resurgimiento del cristianismo en China va producir un impacto sobre toda la cristiandad. En poco tiempo más, el cristianismo chino será fuente de una nueva vitalidad, de modelos novedosos de liderazgo, y de singulares formas estructurales. La influencia del cristianismo chino, con su carácter masivo, enriquecerá la teología y la identidad cristiana a nivel global. Mayormente, la reflexión y la práctica, como también la espiritualidad y la adoración recibirán el aporte de la experiencia oriental.

Howard A. Snyder acota: «Históricamente la Iglesia ha sido dominada sucesivamente por las formas culturales y de pensamiento griega, romana, europea y norteamericana. Tenemos todavía que descubrir cuál será el impacto de una nueva y dinámica Iglesia enraizada en una de las sociedades más antiguas y culturalmente ricas sobre la tierra, como es el caso de China hoy».[9]

Se anticipan también grandes avivamientos espirituales en los Estados Unidos y en Europa, como resultado del crecimiento de la fe cristiana en América Latina, Corea y Africa. En los Estados Unidos se percibe el aumento de los grupos hogareños de estudio bíblico y oración, la multiplicación de programas evangelísticos y el despertar de muchas iglesias y la renovación espiritual de otras. Especialmente entre la población hispana el crecimiento es notable. El aumento en la membresía de las iglesias ha sido llamativo en los últimos años. En 1976, el incremento en el número de miembros fue del orden del 60%, mientras que en 1900 había sido de un 36%, y en 1850 de un 20%. Si bien hay muchas denominaciones tradicionales entre los anglos que están estancadas o en proceso de decrecimiento, otras denominaciones están en plena expansión, especialmente entre los hispanos.

El éxodo sin precedentes de católicorromanos hispanos y el crecimiento histórico de las iglesias evangélicas hispanas en los Estados Unidos es asombroso. Cada año, alrededor de 60.000 hispanos en este país se convierten del catolicismo al protestantismo evangélico. Hace 20 años atrás, Norteamérica tenía menos de 100.000 protestantes hispanos. Hoy hay más de 5.000.000. En el condado de Dade, estado de Florida, las iglesias protestantes hispanas superan a sus contrapartes anglos en una proporción de dos a uno.

Los efectos negativos del secularismo, el materialismo y el consumismo parecen estar compensados y ser superados con el crecimiento de las iglesias de la «tercera ola», otras identificadas con la renovación carismática, y otras pertenecientes al más reciente cristianismo posdenominacional, que parece estar generalizándose en todo el planeta. En Estados Unidos también la Iglesia Católica Romana parece estar más vital que nunca, y por cierto más que en otras partes del mundo.

---

[9] Howard A. Snyder, «Ten Major Trends Facing the World Church», *World Evangelization* 15, mayo-junio 1988, p. 7.

La influencia de los avivamientos que se están produciendo en el Mundo de los Dos Tercios se suma a los factores que están movilizando y provocando un despertar espiritual generalizado. Uno de los efectos inmediatos de todo proceso de renovación espiritual es el emprendimiento misionero. La dinámica misionera de nuestros días no tiene parangón en la historia del cristianismo. El envío de misioneros desde el Mundo de los Dos Tercios continúa aumentando, mientras que el número de los misioneros desde los Estados Unidos muestra una pequeña declinación por primera vez desde la Segunda Guerra Mundial. Europa, que ha estado en retirada de los campos misioneros por casi 20 años, parece ahora estar presentando algunos signos leves de recuperación.

El resultado neto de estos factores es un avivamiento o despertar espiritual mundial y una cosecha evangelística sin precedentes. Quienes mejor están respondiendo a este despertar espiritual global son los jóvenes. Especialmente en aquellos lugares donde se está produciendo un proceso de renovación espiritual, son los jóvenes los que marchan a la cabeza.

No obstante, esto no significa que la fe cristiana necesariamente va a captar el entusiasmo religioso de todo el mundo en los últimos años de este siglo y en el siglo XXI. Hay varios otros movimientos religiosos recientes que con mucho éxito también están atrayendo a las personas. El movimiento Nueva Era «New Age», en sus variadas expresiones, es un ejemplo de esto. Las ideas de una salud integral, desarrollo corporal, inquisición espiritual, discernimiento sicológico y creatividad interior son algunos de los puntos clave de este nuevo movimiento, que pregona un concepto integral de la vida. En lugar de buscar a Dios, el Padre de nuestro Señor Jesucristo, este movimiento predica la búsqueda del dios que está dentro de nosotros mismos.

Sea como fuere, la fe en Jesucristo jamás ha tenido una oportunidad de expansión y florecimiento tan grande como la que se está dando en esta década. Y el mundo hispanoparlante

¿Dónde estamos?

es uno de los que mayores posibilidades presenta hoy para el avance del cristianismo bíblico. Durante las últimas décadas Dios ha estado preparando el terreno para un derramamiento inédito del Espíritu Santo, que resultará en un avivamiento espiritual sin precedentes en el mundo de habla española y particularmente en América Latina. Debe tenerse en cuenta que el español es el idioma más hablado por los cristianos alrededor del mundo; el inglés va en segundo lugar.

En la década del 50 comenzó la cosecha espiritual más grande en toda la historia del cristianismo. Los frutos han ido aumentando a lo largo de las décadas que siguieron. Esto ha sido particularmente cierto, como vimos, entre los hispanos de los Estados Unidos, a través de toda América Latina, y más recientemente, en España. En la década de 1960 comenzó una nueva compasión por los pobres y oprimidos, y una toma de conciencia sobre la necesidad de ministrar a sus necesidades haciendo una opción por los marginados. Esta conciencia social ha crecido en los últimos años y se ha expresado de diversas maneras en la vida y el testimonio de los creyentes y las iglesias. Durante la década del 70 comenzó un gran movimiento mundial de oración. Millones de cristianos han comprendido la necesidad de «orar sin cesar» y han hecho de la oración personal y comunitaria una herramienta de trabajo para el testimonio cristiano. Esto también está en proceso de desarrollo y crecimiento en estos años.

La década del 80 ha presentado el surgimiento de algo novedoso y sorprendente, en algunos sentidos: el movimiento de profecía bíblica en particular y una renovación de los dones del Espíritu Santo. Por cierto que siempre ha habido profecía en las iglesias, en el sentido de la presentación de mensajes de Dios de carácter doctrinal, exhortativo y de edificación. Pero lo que se está viendo crecer en los últimos años es la profecía directiva, específica, guiadora en cuestiones de detalle, como ocurría en tiempos del Nuevo Testamento y en otros momentos a lo largo de la historia del cristianismo. Esto se está haciendo cada vez más frecuente en las iglesias evangélicas, al igual que un aumento en el reconocimiento y ejercicio de todos los dones del Espíritu Santo. Finalmente, en esta década de 1990 se está desarrollando un nuevo énfasis sobre guerra espiritual intensiva, quizás como nunca antes se experimentó desde los días de Jesús y los apóstoles. En algunos lugares se ven también conversiones masivas y colectivas, acompañadas de extraordinarias manifestaciones de señales, prodigios y maravillas, como resultado de la acción del Espíritu Santo. Y más recientemente, se está detectando la recuperación del don apostólico y el surgimiento de ministerios apostólicos, según los modelos neotestamentarios. Las tramas o redes apostólicas se están multiplicando rápidamente, al punto que algunos hablan de un cristianismo evangélico cuya identidad gira en torno a un nuevo paradigma apostólico.

Si esta descripción o análisis es correcta, mi experiencia como historiador del cristianismo me dice que toda vez que estos procesos ocurrieron en los siglos que pasaron, un poderoso avivamiento espiritual resultó. Es probable que en los próximos años, si el Señor no viene antes, haya un despertar espiritual sin precedentes *en todo el mundo* y particularmente en América Latina. Muchos observadores de la realidad espiritual y religiosa mundial, tanto cristianos como seculares, están anticipando tal fenómeno espiritual. ¿Cómo nos estamos preparando los cristianos de Dios de hoy y de mañana para tal evento?

Por otro lado, en tiempos previos a un gran avivamiento espiritual, se produce un notable incremento del pecado privado y público. En estos años que estamos viviendo somos testigos de escándalos y situaciones de corrupción moral y espiritual como nunca antes hemos visto. Los actos de injusticia e impiedad más aberrantes se presentan en la vidriera de la vida, a la vista de todo el mundo y con el aplauso de la sociedad. Los creyentes no podremos resistir el embate del pecado y estar firmes frente a los ataques directos de las fuerzas de las tinieblas, a menos que estemos bien equipados con la armadura del cristiano (Ef. 6.10-20) y llenos del Espíritu Santo (Ef. 5.18).

¿Cuáles son los recursos con que contamos para vivir nuestra vida cristiana con victoria y estar firmes frente a los ataques de Satanás? Frente a un incremento evidente de la actividad demoníaca y una multiplicación de los avances sutiles del enemigo a nivel masivo, los cristianos contamos con una medida de poder espiritual nunca antes experimentada. El Señor pone a nuestro alcance todos sus recursos, si es que estamos dispuestos a vivir sometidos al señorío de Jesucristo y llenos del Espíritu Santo. El Espíritu Santo está distribuyendo entre los creyentes todos los dones espirituales y carismáticos que son necesarios para hacer frente al enemigo, en la guerra espiritual en que nos encontramos involucrados. Podemos prepararnos para la renovación espiritual y el avivamiento que viene, con la confianza plena en el poder de Dios y en la victoria final en su nombre.

De iglesias estáticas a iglesias que cambian

Una de las características más notables de los tiempos presentes es la frecuencia y la velocidad con que se están produciendo los cambios. Alvin Toffler, en su libro *El shock del futuro*, define al cambio como «el proceso por el cual el futuro invade nuestras vidas».[10] Y agrega: «La sociedad occidental ha estado atrapada en una tormenta de fuego de cambio durante los pasados 300 años. Esta tormenta, lejos de amainar, aparece ahora como adquiriendo fuerza. El cambio barre a través de los países altamente industrializados con olas de una velocidad cada vez más acelerada y de un impacto sin precedentes».[11] En su libro *La tercera ola*, Toffler califica a este proceso de la civilización occidental como crucial y revolucionario. «Tan profundamente revolucionario es esta nueva civilización, que desafía todas nuestras viejas presuposiciones, viejas formas de pensamiento, viejas fórmulas, dogmas, e ideologías, no importa cuán queridas o cuán útiles hayan sido en el pasado, dado que ya no encajan con los hechos... No podemos rellenar

---

[10] Alvin Toffler, *Shock del futuro*, Barcelona, Plaza y Janés, 1990 (p. 1 del original en inglés).
[11] *Ibid.*, p. 9.

los agujeritos convencionales de ayer con el mundo en gestación de mañana».[12]

Estos cambios veloces y radicales que se producen en el mundo de hoy afectan directa y profundamente a las iglesias. Algunos de ellos no son todo lo positivo que quisiéramos. Pero hay otros que, de ser asumidos como conviene, pueden significar un notable avance del Reino de Dios. Hay ciertos cambios en la vida de las iglesias, que son de carácter global y que alientan nuestra confianza en el triunfo final de la fe en Jesucristo. Como hijos e hijas de Dios, formamos parte de un pueblo en marcha, que a través de su acción comprometida con el Reino, va cumpliendo con los designios divinos para la redención de la humanidad, hasta que el Rey venga otra vez. Nos alienta saber que la fe en el Señor Jesucristo va avanzando cada día hacia nuevas fronteras, y que el Espíritu Santo está levantando nuevos apóstoles que anuncian su evangelio. Esta realidad está ocurriendo en medio de cambios verdaderamente revolucionarios en la vida de la Iglesia. ¿Cuáles son algunos de estos cambios revolucionarios que hoy están ocurriendo?

Revolucion misionológica: un cambio de eje

Uno de los cambios más sorprendentes tiene que ver con la obra misionera y la comprensión de la misión de la iglesia. En estos últimos años del siglo XX, estamos siendo testigos de la revolución misionológica más grande desde que Guillermo Carey salió para la India a fines del siglo XVIII, constituyéndose así en el «padre de las misiones modernas». La era de las misiones desde el Primer Mundo al Mundo de los Dos Tercios está terminando. Un nuevo movimiento misionero está gestándose rápidamente. El eje de la obra misionera ya no está en el hemisferio norte, sino en el hemisferio sur. Hoy hay más misioneros provenientes

---

[12] Alvin Toffler, *Tercera ola*, Plaza y Janés, Barcelona, 1982 (p. 20 del original en inglés).

¿Dónde estamos?

del Mundo de los Dos Tercios sirviendo en el planeta que aquéllos originarios de Europa o los Estados Unidos.

En 1974, el Pacto de Lausana declaraba: «Nos alegramos de que una nueva era misionera ha amanecido. El papel dominante de las misiones occidentales está desapareciendo rápidamente. Dios está levantando de las iglesias más jóvenes un nuevo recurso para la evangelización mundial, y está demostrando así que la responsabilidad de evangelizar pertenece a todo el cuerpo de Cristo».

En 1980 ya había en operación 13.000 misioneros provenientes de países ubicados en el Mundo de los Dos Tercios. En 1988 su número había crecido a 35.000. Se espera que para 1998 el número de misioneros del Mundo de los Dos Tercios supere el número de misioneros originarios de Europa y los Estados Unidos. ¿No es esto un acontecimiento sorprendente?

En la cuarta conferencia trianual de la Asociación Asiática de Misiones (AAM), en octubre de 1986, se informó que hubo un total de 10.210 misioneros asiáticos en operación en 1985. De seguir la presente tasa de crecimiento del 15.4% anual, habrá 67.000 misioneros asiáticos sirviendo en el mundo para el año 2000.

La revolución misionológica tiene que ver también con los agentes de misión. Tradicionalmente, los protagonistas de la obra misionera y los agentes pastorales han sido varones. El perfil heroico, la demanda de renunciamiento y valor, la idea del misionero explorador y del pastor caudillo han hecho del ministerio pastoral y misionero prácticamente una tarea exclusiva para los varones. Las mujeres han estado relegadas al papel de esposas, madres, promotoras de ofrendas, organizadoras de la oración, especialistas en la evangelización infantil, u otras funciones tenidas como más o menos secundarias dentro del ministerio.

Esta situación está cambiando rápidamente en nuestros días. La ordenación de mujeres al ministerio pastoral está en aumento vertiginoso en todo el mundo. En los Estados Unidos, el número de mujeres en el pastorado apenas constituía el 2% para 1970, mientras que para 1984 ya se había duplicado (4%). Entre 1972 y 1980 el número de mujeres matriculadas en seminarios evangélicos creció en un 223%, mientras que el de varones en apenas un 31%. Se estima que para el año 2000 las mujeres representarán entre un 20% y un 25% del total de pastores en los Estados Unidos, llegando a ser un 50% para el año 2050. De hecho, las mujeres ya constituyen una minoría muy importante dentro del total de pastores ordenados en las principales denominaciones norteamericanas. Para 1985, el 10% de todos los pastores de los discípulos de Cristo eran mujeres. En la Iglesia Unida de Cristo el número de mujeres en el ministerio pastoral llegaba al 12%, en la Iglesia Episcopal al 7%, en la Iglesia Metodista Unida al 5%, y al 6% entre los presbiterianos. En los grupos pentecostales, el porcentaje iba entre el 10 y el 20%.[13]

En un continente de cultura tan machista como es América Latina, el número de mujeres en el ministerio pastoral y misionero también está en aumento. Ya hay varias mujeres ordenadas al pastorado entre los bautistas en Argentina, que se suman a varias decenas en otras denominaciones. Es probable que en los pocos años que faltan para terminar el siglo un número importante de mujeres sean ordenadas al pastorado en las iglesias evangélicas del continente.

El ingreso de las mujeres a una participación más significativa en el liderazgo de las iglesias tendrá implicaciones importantes. La definición del rol pastoral será más amplia y flexible de lo que es en la actualidad. Las mujeres aportarán más variedad de criterios, ideas frescas, perspectivas diferentes, y un espectro más amplio de estilos de liderazgo a la conducción de la iglesia. La presencia de la mujer en el pastorado y el ministerio misionero aumentará el énfasis sobre la comunión fraternal, la informalidad y la edificación de la iglesia. Seremos menos rígidos y jerárquicos, menos distantes y autoritarios, en el estilo ministerial. La iglesia podrá desarrollarse más como una comunidad, que como una institución. Con las mujeres aumentará también la tendencia hacia modelos orgánicos y ecológicos en los

---

[13] Snyder, «Ten Major Trends», p. 8.

diseños estructurales de la iglesia. Las estructuras serán menos formales y más humanas, menos frías y más cálidas. Aumentará también la tendencia hacia una mayor participación de todos los creyentes en la tarea ministerial y su capacitación. Con las mujeres en el liderazgo, los jóvenes y los niños tendrán un rol más protagónico en la vida total de las iglesias; de igual modo, los discapacitados de diverso tipo y otros marginados encontrarán oportunidades de participación y reconocimiento. Las congregaciones se parecerán más a una familia que a un club, más a una comunidad fraternal que a una asociación religiosa o de bien público, más a un organismo vivo que a un culto ritual o institución eclesiástica.

Revolución teológica: un cambio de cosmovisión

Junto con el cambio de eje en cuanto a los centros de influencia para el desarrollo de las misiones mundiales y la incorporación de la mujer al ministerio pastoral y misionero, esta década está siendo testigo de una verdadera revolución teológica. Se está produciendo un cambio profundo en la cosmovisión de los cristianos. Durante siglos hemos sido presas de una aproximación racionalista al evangelio. Las doctrinas, la ortodoxia y la comprensión razonada de la fe han sido elementos más importantes que ningún otro aspecto de la vida cristiana. En estos años se está produciendo un cambio significativo en la manera en que los cristianos, particularmente en nuestra cultura hispanoamericana, nos aproximamos a la comprensión de la realidad y del evangelio.

Estamos siendo menos racionalistas y estamos enfatizando más nuestras emociones y sentimientos. La ortodoxia está dando más lugar a una ortopraxis, es decir, prestamos más atención a nuestro actuar cristiano que a la formulación sistemática y lógica de nuestra fe. El servicio al prójimo está resultando de más valor que la verbalización puntillosa y pulcra de nuestras doctrinas. De igual modo, el sermón está dejando de ser lo central en nuestros cultos, si bien no deja de ser importante. Pero nos estamos concentrando más en la alabanza a Dios y en la expresión cúltica de nuestra fe en

Él. En algunos aspectos, nos parecemos más a los primeros cristianos en nuestra manera de expresar la vida de la iglesia.

Algunos de estos cambios en las formas no son más que expresión de cambios más profundos en la reflexión de la fe. Parece evidente que poco a poco nos vamos moviendo de una tradición institucional a una teología del Reino. Una iglesia mundial renovada espiritualmente, demandará una teología global. Por cierto, esta no debe ser una teología uniforme para todas las personas en todos los lugares. Esta es precisamente la pretensión de las teologías dogmáticas institucionales, que están en decadencia o extinción (como los dinosaurios de épocas remotas). Pero sí hace falta (y está surgiendo) una teología global que exprese una comprensión de la fe que sea bíblica, funcional y pertinente.

Este tipo de teología parece girar en torno a la soberanía de Dios y a su acción redentora en la historia. El tema del Reino de Dios recibe cada vez más atención por parte de quienes se ocupan de reflexionar la fe cristiana. El futurólogo evangélico Tom Sine señala: «Una tremenda conversión en la visión está ocurriendo alrededor del Reino de Dios. Donde necesitamos ayuda de los misionólogos ahora es para entender qué es lo que significa para nuestra vida y misión hoy una visión del Reino. Realmente necesitamos ayuda para asumir el poder e imaginación de esa visión y aplicarla a todos los aspectos de la vida».[14]

Las demandas de esta nueva «teología mundial» o «global», que amplíe la manera en que los cristianos entendemos el universo y nuestro papel en el mismo, provienen de varias fuentes. Las más importantes son internas, y surgen de algunas de las tendencias que caracterizan el desarrollo del cristianismo hoy. Las influencias externas provienen de los desarrollos políticos, sociales, científicos y económicos que están configurando el mundo contemporáneo.

---

[14] Tom Sine, «Towards a New Theology of Missions», *Missiology*, enero de 1987, p. 21.

De hecho, el Reino de Dios era prominente en la enseñanza de Jesús, y es una categoría central que unifica toda la revelación bíblica. Con el desarrollo de esta aproximación a la verdad revelada y la experiencia cristiana, se están planteando nuevos énfasis. La teología del Reino habla de justicia en lo económico, político y social; armonía en lo ecológico; y liberación total de la persona para que llegue a ser plenamente humana. Esta teología anuncia que Dios, como Gobernador supremo y Amigo de todo y todos, finalmente será adorado y glorificado por toda su creación. Bíblicamente, esta aproximación no es transmundana, a-histórica o alienada de la realidad, sino que está encarnada en la realidad de la experiencia humana. Es una teología que contempla como hecho palmario «la resurrección de la carne» y la esperanza de un mundo mejor.

Esta teología no es pesimista: no prevee la destrucción de este mundo, sino su liberación final (Ro 8.21), por un proceso de muerte y resurrección. No ve al mundo sin esperanzas bajo el dominio de Satanás y camino a su aniquilación, sino como el escenario en el que Dios mismo sigue empeñado en lograr su redención por medio de Cristo. «Una teología así», comenta Snyder, «tiene amplias implicaciones en todas las áreas de la vida de la iglesia, incluyendo la adoración, el compañerismo o la comunidad, el testimonio en evangelismo, paz y justicia, y la relación de la iglesia con los poderes político y económico».[15]

Este tipo de teología lleva a la proclamación de un evangelio más integral y a un compromiso cristiano mucho más radical. La iglesia deja de ser una institución meramente religiosa, para transformarse en una verdadera agencia del Reino. Como tal, hace propios los dolores y sufrimientos de las personas en el mundo, y les ministra con poder y autoridad de Dios respondiendo de manera inmediata a todas sus necesidades humanas. Este enfoque de la misión torna más pertinente, relevante y eficiente la labor de la iglesia, con resultados sorprendentes.

---

[15] Snyder, «Ten Major Trends», p. 8.

Revolución eclesiológica: un cambio de relaciones

Igualmente sorprendente es el proceso de la novedosa revolución eclesiológica, que parece estar en marcha. Desde el punto de vista eclesiológico, el protestantismo latinoamericano está dejando de ser marcadamente denominacional para configurar un protestantismo que podríamos calificar de «posdenominacional». En realidad, este proceso no es exclusivo de la cristiandad evangélica latinoamericana, y se lo puede rastrear hasta algunas décadas atrás.

El sociólogo norteamericano Thomas Luckmann analizaba los cambios en la cultura e instituciones religiosas contemporáneas, en un ensayo publicado en 1967. Argumentando sobre la declinación de la religión eclesiástica en los Estados Unidos, señala: «Uno de los desarrollos más importantes en la religión eclesiástica americana es el proceso de nivelamiento doctrinal. Puede decirse con seguridad que dentro del protestantismo las diferencias doctrinales son virtualmente irrelevantes para los miembros de las denominaciones más importantes».[16]

Aparentemente, pues, está en desarrollo un cristianismo evangélico latinoamericano no denominacional, que es el de mayor crecimiento. Según C. Peter Wagner: «De lejos, el segmento de crecimiento más rápido del cristianismo en todos los seis continentes es un tipo de iglesia que no encaja en las categorías o clasificaciones tradicionales».[17] Estas iglesias no figuran en las listas de denominaciones reconocidas ni son miembros de organismos eclesiásticos nacionales o internacionales. Mike Berg y Pablo Pretiz califican a estas iglesias como la «quinta ola». Las primeras cuatro olas, como hemos señalado anteriormente, serían las iglesias

---

[16] Thomas Luckmann, «The Decline of Church-Oriented Religion», en *Sociology of Religion: Selected Readings*, ed. por Roland Robertson, Penguin Books, Nueva York, 1978, p. 147.

[17] C. Peter Wagner, «Those Amazing Postdenominational Churches», *Ministries Today*, julio-agosto 1994, p. 1.

de inmigración, las denominaciones troncales, las misiones de fe y las nuevas denominaciones. Pero las iglesias de la quinta ola son diferentes de estas cuatro formas y organizaciones tradicionales del cristianismo. Se caracterizan básicamente por ser nativas, con poca o ninguna conexión con denominaciones o misiones foráneas, y, en general, tienen un perfil pentecostal o carismático.[18]

Las iglesias posdenominacionales que están surgiendo en América Latina parecen independientes, pero en realidad son interdependientes, puesto que están ligadas unas a otras en función de una visión compartida. Dice Wagner: «La relación entre estas iglesias es vista como un lazo espiritual más bien que como los lazos legales u organizacionales de las estructuras burocráticas de las denominaciones más viejas».[19] Por otro lado, si bien casi todas estas iglesias presentan un perfil carismático, no necesariamente son carismáticas en el sentido histórico, es decir, no están ligadas ni orgánica, ni genética ni históricamente con el movimiento carismático de hace dos décadas atrás. Sí lo son en el sentido neotestamentario, ya que creen en la vigencia de los dones del Espíritu y su manera de vivir el evangelio es muy dinámica y fervorosa.

Entre los elementos comunes que caracterizan al protestantismo posdenominacional latinoamericano se pueden mencionar: (1) un liderazgo nacional autóctono; (2) una trama apostólica de relaciones ministeriales e institucionales; (3) una adoración viva, entusiasta y contemporánea; (4) un fuerte énfasis sobre la oración congregacional; (5) un ministerio de poder a través de guerra espiritual, proclamación del evangelio, la liberación y la sanidad.

El hecho de que el cristianismo posdenominacional en desarrollo se muestre diferente del denominacionalismo

---

[18] «The Fifth Wave: «Homegrown» Churches Lead the Evangelical Advance in Latin America», *Latin America Evangelist* 72, octubre-diciembre 1992, pp. 6-8.
[19] Wagner, «Those Amazing Postdenominational Churches», p. 2.

histórico, no quiere decir que las diversas tradiciones y herencias históricas, los perfiles de identidad que tanto veneramos y los compromisos institucionales de los que formamos parte dejen de existir. Pero sí significa que el denominacionalismo como tal está siendo superado por una nueva dinámica de relación de fe y práctica. La identidad evangélica está tornándose más fuerte que la identidad denominacional propia. De hecho, hay muchas iglesias denominacionales en América Latina que exhiben características posdenominacionales.

Algunas de estas características, según C. Peter Wagner, son: (1) parecen congregaciones independientes, pero tienden a establecer relaciones con otras similares en afiliaciones informales y no institucionales; (2) respetan la obra que Dios ha hecho a través de las denominaciones establecidas, pero están cansadas de las estructuras organizativas que generalmente están asociadas con el denominacionalismo; (3) tienen un perfil pentecostal-carismático, si bien la mayor parte de ellas rehusarían utilizar estos calificativos o a identificarse como tales; (4) si bien valoran un liderazgo fuerte, su forma de gobierno eclesiástico se expresa más en términos de relaciones dinámicas que en documentos oficiales y estructuras rígidas; (5) muchas de ellas son megaiglesias, pero hay un profundo aprecio por la necesidad de grupos pequeños o células de discipulado; (6) en muchas de estas iglesias se está hablando de la restauración de los dones y los ministerios, especialmente de apóstoles y profetas, si bien los líderes de estas iglesias o tramas de iglesias se resisten a asumir tales títulos.[20]

---

[20] Peter Wagner, «The New Paradigms of Today's Emerging Churches», *Ministries Today*, marzo-abril 1996, p. 51. El resurgimiento del don y el ministerio apostólico está tan ligado a las iglesias de corte posdenominacional, que algunos denominan a estas iglesias como «iglesias del nuevo paradigma apostólico». Tal es el título de un curso que está dictando el Dr. C. Peter Wagner en la sucursal de la Escuela de Misión Mundial del Seminario Teológico Fuller, con sede en la ciudad de Colorado Springs, Colorado.

¿Dónde estamos?

CUESTIÓN	PRIMER PARADIGMA APOSTÓLICO (ss. I a III)	PARADIGMA DE CRISTIANDAD (ss. IV a XX)	NUEVO PARADIGMA APOSTÓLICO (fin s. XX y s. XXI)
Fuerzas impulsoras	Misión, visión/valores	Tradición, lealtad, obediencia	Misión, creencias, claves y valores
Misión	Enfocada en la misión externa: alcanzar al mundo para Cristo	Enfocada en la misión interna: la misión en ultramar	Enfocada en la misión externa: alcanzar a los no alcanzados
Estructura	Simple, funcional, centrada en la iglesia local	Compleja, jerárquica, centrada en la burocracia institucional	Flexible, contextual, centrada en la iglesia local
Relación con Dios	Personal, se expresa en la comunidad	Social, corporativa, institucional, formal	Individual, experiencial
Papel del líder	Maestro, entrenador	Ministro, profesional	Maestro, entrenador
Papel del creyente	Activo, comprometido en la misión	Pasivo, obediente, espectador	Activo, involucrado en la misión
Medios de comunicación	Relatos narrativos, testimoniales	Texto impreso y proclamación, argumento racional	Relatos narrativos y multimedios
Nivel de colaboración	Alto, informal	Alto, formalizado, denominaciones	Alto, corto plazo para propósitos específicos, redes

Como se indicó, si bien las nuevas iglesias que están emergiendo pueden ser caracterizadas como posdenominacionales, hay muchas iglesias afiliadas con una denominación que tienen las mismas características. Es así que una iglesia denominacional puede ser posdenominacional en la forma en que desarrolla su vida eclesiástica. No es extraño que así sea. Debe recordarse que el cristianismo evangélico denominacional, tal como todavía lo conocemos hoy, es un producto directo de las circunstancias históricas que dieron forma al cristianismo norteamericano desde los días del Gran Avivamiento (mediados del siglo XVIII) hasta la

Guerra de Secesión (1860-1865).[21] En este sentido, el denominacionalismo es un típico producto de la modernidad y el gestor de la mayor parte de las estructuras, instituciones, principios o ideales que todavía siguen modelando nuestra manera de pensar, actuar y sentir como evangélicos. Sin embargo, el denominacionalismo evangélico, al igual que la modernidad, está entrando en crisis en estos días. Y, como consecuencia, cada vez más la epidermis denominacional está haciéndose más permeable. Esto significa que vamos influyendo y somos influidos más profundamente por los demás dentro de la familia evangélica.

Junto a estos cambios eclesiológicos externos, se están produciendo otros hacia adentro de las diversas comunidades de fe. Da la impresión como que nos vamos moviendo de una estructura básicamente clerical a una comunidad de ministros. En los últimos años se ha estado desarrollando en el protestantismo evangélico latinoamericano un nuevo modelo de liderazgo, particularmente pastoral. Los modelos importados, especialmente de las tradiciones protestantes noratlánticas, que han especializado y profesionalizado el ministerio pastoral, están dando lugar a formas más participativas de liderazgo. En este sentido, el liderazgo cristiano se parece más a los modelos que pueden verse en el Nuevo Testamento, configurado más por grupos de líderes con diversas funciones, que por individuos que concentran todas las funciones. Un liderazgo grupal, colectivo, plural y variado de creyentes maduros y llenos del Espíritu Santo parece ser el modelo ideal para muchas iglesias evangélicas locales. La doctrina protestante del sacerdocio universal de todos los creyentes resulta así ser cierta y aplicable hoy más que nunca antes.

De hecho, la capacitación de todos los creyentes para el cumplimiento de un ministerio importante es más dinámica y renovada hoy en la vida de las iglesias, que el modelo tradicional que surgió a partir del segundo siglo en la

---

[21] Fidney E. Mead, «Denominationalism: The Shape of Protestantism in America», *Church History* 23, marzo 1954, pp. 291-320.

historia del cristianismo. Este modelo tradicional estaba basado en la distinción no bíblica entre un clero profesional y el laicado.

La nueva tendencia a un liderazgo más participativo impone sobre el ministerio pastoral nuevas demandas. El pastor tiene una responsabilidad menos ejecutiva y de mayor dedicación a la planificación y el equipamiento de la comunidad para el cumplimiento de la misión. Se está abandonando el ministerio «profesional» y la distinción entre clero y laicado, que a pesar de los principios emanados de la Reforma ha acompañado el desarrollo de la eclesiología protestante, especialmente en América Latina. Cada vez se considera más negativamente al «pastor orquesta», y los siervos de Dios se resisten con mayor firmeza a asumir tal rol. Un modelo corporativo y capacitador, más acorde al esquema de Efesios 4.11-12, caracteriza en grado creciente a la mayor parte de las iglesias evangélicas locales, al menos a aquellas que parecen responder mejor a los desafíos de la hora. Cada vez es más común ver al frente de las congregaciones a equipos pastorales integrados por hombres y mujeres, jóvenes y adultos, más que a pastores individuales que llevan a cabo todas las responsabilidades del ministerio. Las decisiones se toman más por el concenso mutuo del liderazgo de las iglesias, que por los dictados de pastores autoritarios o las asambleas anárquicas de los miembros. La autoridad se ejerce en el marco de una trama de autoridad, más que de manera vertical o jerárquica. Aun pastores caudillos están apelando a la incorporación de un liderazgo calificado para poder hacer frente a la creciente complejidad del ministerio pastoral.

Por cierto, en una iglesia activa habrá numerosas oportunidades de servicio. Cada creyente lleno del Espíritu Santo, siempre encontrará posible cumplir su ministerio y servir según los dones que el Señor le haya dado . . . y hoy puede hacerlo porque cuenta con las posibilidades de obtener la capacitación necesaria para ello. Nuevos modelos de educación teológica, articulados no según los cánones educativos de la modernidad y las filosofías educativas de la racionalidad, sino según criterios más funcionales y práxicos, están brindando la preparación que cada creyente necesita para ser testigo del Evangelio del Reino.

Así, pues, como resultado del cambio de una estructura de ministerio básicamente clerical o profesional a la configuración de una comunidad de ministros, se está dando un mayor énfasis sobre el sacerdocio universal de todos los creyentes, una mejor comprensión y aplicación de los dones y ministerios neotestamentarios, nuevas alternativas de formación teológica y ministerial, una integración más orgánica de los diversos ministerios de la iglesia, y una trama de relaciones dinámicas basada en el principio de autoridad y sujeción. Las estructuras organizativas que están resultando de este proceso son más orgánicas, menos orientadas hacia la obtención y conservación del poder, y más orientadas al cumplimiento de funciones específicas en relación más directa con la misión de la iglesia. Se está redefiniendo el rol pastoral de manera más amplia y flexible, incorporando al mismo a un gran número de personas (hombres y mujeres; jóvenes y adultos; cultos e incultos; ricos y pobres). La responsabilidad en cuanto al cumplimiento de la misión está cayendo en grado creciente sobre el conjunto de los creyentes, mientras que se está enfatizando más la informalidad y la edificación de la iglesia como comunidad. Hay también más lugar para la iniciativa individual y mayor elasticidad en los modelos estratégicos e institucionales que se siguen.

Seguramente, como se señaló antes, en los próximos años se producirá un ingreso masivo de las mujeres en el ministerio pastoral y el liderazgo de las iglesias, al igual que bajará el promedio de edad del liderazgo (será un liderazgo más joven que el actual). El rejuvenecimiento del ministerio pastoral en estos años tendrá un efecto muy profundo sobre la vida y misión de la iglesia. Desde el estilo del culto hasta el contenido de los sermones pasando por el programa de la iglesia, sufrirán cambios radicales, que darán a las iglesias evangélicas latinoamericanas un perfil totalmente diferente del pasado, e incluso del actual.

El protagonismo de los jóvenes se está tornando en un elemento muy importante en el proceso de cambio que viven hoy las iglesias latinoamericanas. La población del continente es cada vez más joven. En 1990, casi la mitad de la población de México estaba por debajo de los 20 años de edad, mientras que apenas un 20% tenía más de 40 años. La edad promedio de la población en la ciudad de México es 14.2 años. Es posible imaginar las consecuencias que este «rejuvenecimiento» puede tener en el futuro si se recuerda que para el año 2000, la ciudad de México será la más grande del mundo con aproximadamente 26 millones de habitantes. Un continente joven tendrá iglesias jóvenes. Una congregación integrada mayormente por adolescentes y jóvenes menores de 25 años demandará de un nuevo modelo pastoral y ministerial.

Este nuevo modelo ministerial en gestación posiblemente resultará, como se indicó, en algo mucho más parecido a los varios modelos neotestamentarios. Se trata de la configuración de grupos de líderes, espiritualmente maduros, que comparten la autoridad ministerial y la responsabilidad por la tarea. El liderazgo eclesiástico se está tornando más pluralista y participativo, con una mejor expresión de la doctrina del sacerdocio universal de todos los creyentes, y con una mayor conciencia de la necesidad de capacitar «a los santos para la obra del ministerio». En realidad, la responsabilidad de «equipamiento» aparece como lo central del ministerio pastoral.

Todo esto significa que se está abandonando el modelo profesionalizado de ministerio pastoral y la distinción no bíblica entre pastores y laicos. Efesios 4.11-12 es seguido con más frecuencia por más iglesias como el modelo más adecuado para el equipamiento de los creyentes. Este modelo ministerial corporativo y orgánico generalmente se expresa mediante la constitución de equipos pastorales, en lugar de la figura de un solo pastor. Las decisiones en la iglesia se toman por consenso mutuo, en lugar de aplicar la autoridad vertical del pastor o de un grupo de poder dentro de la comunidad. Y la capacitación de cada creyente para su mejor involucramiento en el cumplimiento de la misión se considera fundamental en este esquema.

Los resultados de estos cambios son sorprendentes. El énfasis sobre el sacerdocio de todos los creyentes está llevando a una multiplicación enorme de los recursos humanos para la tarea. Obviamente, como consecuencia de la incorporación masiva de nuevos agentes de misión y la necesidad de prepararlos para la obra, la educación teológica se está viendo revolucionada, y están apareciendo nuevas alternativas para la formación del liderazgo. Se está dando una integración más orgánica de los diversos ministerios de la iglesia mediante la creación de verdaderas tramas o redes (*networks*) ministeriales. Al ser mucho más participativa, la tarea se lleva a cabo con mayores recursos y efectividad.

Revolución praxiológica: un cambio de actitud

Junto con estos cambios, se están dando otros a nivel de las actitudes de los creyentes. Tales cambios son expresión de una revolución praxiológica, es decir, en la esfera de la acción y la conducta del creyente, como expresión de su fe. Esto tiene que ver con el compromiso de cada creyente con la realidad y operatividad del Reino de Dios. La traducción a la vida de todos los días de una teología del Reino de Dios, cristocéntrica, encarnacional y que afirma el señorío absoluto de Cristo, está produciendo cambios notables en las actitudes de los cristianos.

Como hemos visto, hay indicadores de que Dios está haciendo su parte para redimir al mundo en esta generación. Pero cabe considerar el compromiso que corresponde a cada creyente en este proceso. La influencia y presencia del cristiano y de las iglesias en el mundo es hoy más necesaria que nunca antes. Nadie puede excluirse de esta responsabilidad. Sin embargo, la clave para el compromiso personal y colectivo con la misión de Dios a las puertas del siglo XXI es escuchar a Dios y obedecerle. En este sentido, el sometimiento incondicional al señorío de Cristo es el elemento fundamental para la obtención de la victoria en estos años de combate y testimonio que estamos viviendo.

Debemos reconocer que en esto tenemos que hacer un cambio importante en la teología popular, que muchas veces ha predominado entre los evangélicos en América

Latina. Se trata de ese concepto ajeno al testimonio bíblico de que es posible tener a Cristo como el Salvador de nuestras vidas sin que Él sea el Señor de ellas. Afortunadamente, se está dejando de lado esta doctrina no cristiana. Se está comprendiendo que la distinción entre Cristo como Salvador y Cristo como Señor es falsa y no es bíblica. He escuchado con demasiada frecuencia predicar o enseñar sobre esta diferencia. Permítanme ser claro en esto: no se es salvo si Cristo no es el Salvador y el Señor de la vida. Esto es lo que la Biblia enseña: Romanos 10.9; 1 Corintios 12.3; Filipenses 2.11.

Si Jesucristo no es el Señor de tu vida, no eres salvo. No importa si levantaste tu mano después de una predicación manifestando que lo recibías como tu Salvador, o que te hayas bautizado en testimonio de esa fe, o que seas un miembro activo de una iglesia local. No cuenta que estés sirviendo al Señor, o cuentes con una buena formación teológica o tengas la mejor disposición de tu corazón para su enseñanza. Si Cristo no es el dueño de tu vida, entonces no le perteneces, y no ser de él significa no ser salvo. Para ser salvo es necesario «creer en el *Señor* Jesucristo» (Hch 16.31). La distinción entre Cristo como Salvador y Cristo como Señor es falsa y no es bíblica. Él es ambas cosas o no es ninguna. No puede salvarnos si no estamos dispuestos a obedecerlo. Y para ser cristianos, es decir, seguidores de Cristo, es necesario escuchar su voz y obedecerle.

Esto significa que la salvación no es meramente una experiencia puntual de conversión en el pasado, sino una vivencia y proceso continuo, que se expresa en una permanente entrega al Señor y en un compromiso renovado de sometimiento a Él cada día. Esto es lo que la Biblia llama santificación, y no es opcional para el creyente, sino expresión de su nueva naturaleza en Cristo. Para muchos cristianos evangélicos, la vida cristiana se reduce a una experiencia puntual de conversión en el pasado, sobre la que apoyan su pretensión de ser discípulos de Jesús. Pero la Biblia nos enseña que la conversión es una experiencia continua y permanente, y siempre debe expresarse en obediencia.

¿Estamos obedeciendo al Señor? Si no hay indicaciones evidentes de obediencia al señorío de Cristo en la vida, esto puede ser señal de una de dos cosas. Por un lado, puede ser que la persona no tenga al Espíritu de Cristo obrando en él o ella. Pablo dice que la única manera de vivir según el Espíritu es si el Espíritu de Dios mora en nosotros. Y afirma categóricamente en Romanos 8.9: «Si alguno no tiene el Espíritu de Cristo, no es de Él». Por otro lado, puede ser que el Espíritu está plenamente en la persona creyente, pero está contristado porque esa persona no hace lo que debe (Ef 4.30) o bien está apagado porque esa persona deja de hacer lo que debe hacer (1 Ts 5.19). Cuando el Espíritu mora plenamente y actúa a través del creyente, esto se ve en su obediencia al señorío de Cristo.

La obediencia al Señor debe traducirse, a su vez, en un discipulado radical, que no haga concesiones al mundo. Los cristianos en el umbral del tercer milenio no podemos coquetear con el mundo y el pecado. La obediencia que el Señor reclama a sus discípulos debe expresarse en una vida de santidad y militancia. Las exigencias de estos tiempos son de tal índole, que quienes pretendan contemporizar con el mundo y el pecado serán tragados por un orden de impiedad e injusticia sin precedentes en la historia de la humanidad. Como nunca antes, la santidad de vida es la exigencia mayor para todos los creyentes y, particularmente, para los siervos y siervas de Dios. Nos tendremos que habituar a decirle NO al mundo y sus poderosas atracciones, y afirmar nuestro SÍ valiente al control absoluto de Cristo sobre nuestras vidas. Algo menos que esto significa derrota y claudicación. En un contexto de guerra total contra el Maligno, un paso hacia atrás puede significar un daño muy grande, no solo para el combatiente cristiano sino también para sus compañeros de milicia.

Por cierto, estos no son los únicos factores a tomar en cuenta al reflexionar sobre la realidad presente, con miras a las tendencias que parecen indicar el protagonismo del protestantismo en el presente y el importante papel que las iglesias tienen en este proceso. De todos modos, cabe preguntarse qué significado puede tener todo esto para cada uno de nosotros hoy y en el futuro.

CAPÍTULO 5

¿HACIA DÓNDE VAMOS?

En el capítulo anterior, hemos considerado de algún modo la realidad presente de la presencia de la iglesia en el mundo, y particularmente en América Latina. Queda ahora levantar los ojos e intentar vislumbrar el futuro que se avecina. A la luz de los elementos hasta aquí considerados, ¿cuáles serán las fuerzas que modelarán la vida y el testimonio de los cristianos evangélicos en América Latina en los próximos años? ¿Es posible conocer estas tendencias? ¿Vale la pena conocerlas? ¿En qué medida estas tendencias anticipan el protagonismo de los cristianos evangélicos en la América Latina del siglo XXI? Si bien no podemos predecir el futuro con seguridad, sí podemos por lo menos observar algunas de las tendencias presentes y preguntarnos sobre su posible impacto en el futuro. Podemos intentar discernir «las señales de los tiempos» y procurar interpretarlas a la luz de la Biblia y la experiencia cristiana, bajo la guía del Espíritu Santo.[1]

En lo que sigue propongo diez tendencias para su análisis y evaluación. Lo que presento no pretende ser exhaustivo ni definitivo. Son tan solo unas notas generales a hipótesis interpretativas, que tienen el propósito de iniciar el diálogo y la reflexión en torno a la cuestión planteada. Al observar la realidad desde esta perspectiva, tenemos la impresión de que estamos viviendo un proceso de transición de una manera de ser protestantes (o evangélicos) en América Latina a otra bastante diferente, al menos en algunos aspectos. Este cambio es bastante profundo en algunos casos o áreas y, en consecuencia, involucra fuertes tensiones y conflictos. En otros casos, se trata de la maduración de procesos iniciados hace tiempo, pero que adquirirán una magnitud muy significativa en los próximos años. Sea como fuere, parece cierto y evidente que el protestantismo evangélico de las próximas décadas en nuestro continente será muy diferente en varios aspectos del que conocieron nuestros padres e incluso del que nosotros mismos estamos protagonizando hoy.

De un protestantismo moderno a un protestantismo posmoderno

Probablemente, esta sea una de las tendencias más notables y básicas en lo que hace a la configuración del tiempo que viene. Desde el punto de vista del desarrollo de la cultura, la humanidad se está moviendo desde una concepción del

---

[1] Véase el interesante estudio que sobre el particular han producido Howard A. Snyder y Daniel V. Runyon, *Foresight: Ten Major Trends That Will Dramatically Affect the Future of Christians and the Church*, Thomas Nelson, Nashville, 1986. En este capítulo sigo, en general, las conclusiones de estos autores, si bien con importantes cambios, sobre todo con un enfoque latinoamericano. Véase también, David McKenna, *Megatruth: The Church in the Age of Information*, Here's Life Publishers, San Bernardino, Ca, 1986.

¿Hacia dónde vamos? 113

mundo regida por la modernidad, a otra signada por lo que se ha dado en llamar «posmodernidad». Según ya se indicó, la concepción del mundo occidental tradicional está en crisis. Theodore Roszak, reflexionando sobre la situación en los Estados Unidos, señala que durante la década de 1960 se ha abierto una fisura en la gran pared de piedra de la cultura americana, y a través de esa grieta «se filtró una imagen diferente de ser persona y de autonomía a toda la sociedad, que ha estimulado rápidamente la conciencia de todo el mundo acerca de lo inadecuado del gobierno, las instituciones, el materialismo y el razonamiento científico y ha hecho que una gran parte de la sociedad tome conciencia dolorosamente de los falsos valores e identidades que le han sido impuestos».[2]

Como vimos, están apareciendo nuevas pautas de conducta que se manifiestan en el anhelo de crecimiento, autenticidad y amplitud de la experiencia personal. El ser humano de hoy quiere experimentar la vida y a Dios de manera directa, y no de manera indirecta o secundaria a través de mediadores o intérpretes humanos e institucionales más o menos estandarizados.

La nueva cultura en gestación se caracteriza por organizaciones más fluidas, que se resisten a crear estructuras jerárquicas y son adversas a los dogmatismos. La tendencia de esta cultura es hacia la integración, más que a la dispersión y la diferenciación. Su movimiento es más centrípeto que centrífugo. La fragmentación y el énfasis unilateral de la ciencia, el humanismo, el materialismo y las religiones institucionalizadas están siendo reemplazados por tendencias integradoras, caracterizadas por nuevas actitudes.

Parece ser que en el futuro, las necesidades espirituales y emocionales del ser humano recibirán más atención que la razón y el método del pensamiento científico. La tecnología, el materialismo y el consumismo pasarán a un segundo

---

[2] Theodore Roszak, *Person/Planet*, Doubleday, Garden City, Nueva York, 1980, p. xxvii.

plano, mientras que se valorará más la dignidad humana y su condición de persona. La búsqueda de lo absoluto y la unidad de la existencia humana serán lo más importante, al menos como aspiración última de la cultura.

En este contexto cultural, el protestantismo latinoamericano que viene desarrollará, como ya se ha indicado, una nueva cosmovisión. Los jóvenes serán los primeros en responder a las nuevas pautas. Hará falta una gran creatividad, imaginación, plasticidad, y sobre todo, una dependencia absoluta del Espíritu Santo, para que los nuevos cánones de pensamiento y acción respondan a la esencia del evangelio y expresen adecuadamente su contenido. Quienes mejor se adapten a estos cambios y sepan evaluarlos a la luz del evangelio, serán los que responderán de manera más efectiva a los desafíos que se presenten y los que mayor gloria traerán al Reino de Dios. Toffler advierte, en su análisis global del cambio que viene, que «a menos que la persona aprenda rápidamente a controlar el ritmo del cambio en sus cuestiones personales y en la sociedad como un todo, estamos condenados a un caos adaptativo».[3]

De un protestantismo denominacional a un protestantismo posdenominacional

Como ya se indico, el denominacionalismo evangélico, al igual que la modernidad, está entrando en crisis en estos días. Al menos, algunos de sus productos lo están, como las misiones modernas y la educación teológica residencial. Otros están adquiriendo nuevas formas, por lo menos en América Latina, como el voluntarismo, el movimiento de sociedades bíblicas, la Escuela Dominical, el avivamientismo o revivalismo, las obras de acción social, especialmente el asistencialismo, etc. Cada vez resulta más difícil hablar de «principios bautistas», «ideales metodistas», o «doctrinas pentecostales». La doctrina del Espíritu Santo ya no es

---

[3] Toffler, *Future Shock*, p. 2.

exclusiva de los pentecostales, ni el principio de separación de la iglesia y el Estado les pertenece a los bautistas, como los metodistas no son los únicos interesados en una vida de santidad. Como ya señalé, cada vez más la epidermis denominacional se está haciendo más permeable, y vamos influyendo y somos influídos más profundamente por los demás dentro de la familia evangélica.

La explosión informática de hoy es en buena medida la responsable del licuamiento de los perfiles denominacionales. A medida que vamos conociendo mejor al otro, vamos también dándonos cuenta de que las diferencias que nos separan no son tan importantes. O que lo que compartimos es mucho más significativo que lo que nos distingue. Hoy estamos mucho más expuestos a los pensamientos y opiniones de otros, y la información con que contamos para elaborar nuestra imagen de la realidad nos proviene de las más diversas fuentes. Este proceso se incrementará notablemente en el futuro cercano, con lo cual el proceso de homogenización teológica, eclesiológica, litúrgica y misionológica se profundizará todavía más.

Si hay algún tipo de diferencias entre diversas facciones del protestantismo latinoamericano, esta no es tanto doctrinal sino más bien de tipo ideológico y especialmente social. Las distinciones no son tanto de carácter interdenominacional como de tinte intradenominacional, y la mayoría de las veces tienen que ver con estilos y formas, que con principios y contenidos. Eventos recientes como el pasado CLADE III (agosto 1992, Quito) son evidencia de la creciente superación de las barreras denominacionales y el desarrollo profundo de consenso en cuestiones de fe y práctica.

Sobre el particular, es interesante el comentario del conocido teólogo metodista José Míguez Bonino. Dice él: «Lo que estamos presenciando en Latinoamérica es un reagrupamiento de la comunidad cristiana. Ello puede significar o no la fragmentación de las estructuras eclesiales. Pero en cualquier caso pone entre paréntesis la pregunta confesional y saca líneas diferentes de unidad y separación. Es, al menos, instructivo el que las nuevas líneas de confesión y separación no sean tan irénicamente debatidas, sino que se saque el lenguaje y las actitudes características de los polémicos tiempos confesionales. Incluso el hecho de que tantas personas e iglesias rehúsen afrontar el problema como legítimamente confesional, rehusando garantizar a las "familias" disidentes la dignidad eclesiológica es una clara muestra de nuestra situación».[4]

Hoy es un hecho que las iglesias posdenominacionales constituyen uno de los movimientos de crecimiento más rápido dentro del cristianismo. Misionólogos y expertos en el crecimiento de la iglesia quedan sorprendidos con las tasas de crecimiento en este sector del cristianismo en todo el mundo. Tan relevante parece ser esta tendencia que el Seminario Teológico Fuller en Pasadena, California, organizó un simposio del 21 al 23 de mayo de 1996, con el propósito de reunir a una variedad de líderes posdenominacionales para compartir sus ideas y experiencias. El encuentro fue sorprendente y puso de manifiesto la fuerza y potencialidad de este movimiento como uno de los más dinámicos hoy en la extensión del Reino de Dios, y como probablemente el más característico del cristianismo que viene en todo el mundo. Ya hay signos importantes de que esta manera de ser cristiano está ganando espacio en los medios evangélicos latinoamericanos. Es más, las iglesias más dinámicas y de ministerios más efectivos y florecientes, sea que tengan raíces denominacionales o un origen independiente, pueden ser consideradas como posdenominacionales en su enfoque y actitud.

De un protestantismo rural a un protestantismo urbano

Desde el punto de vista demográfico, el protestantismo del futuro será eminentemente urbano. El crecimiento explosivo

---

[4] José Míguez Bonino, «Una crisis eclesiológica», *Boletín Teológico* 25, setiembre 1993, p. 186.

del protestantismo evangélico en América Latina está directamente asociado con el desarrollo del industrialismo y especialmente el proceso de urbanización que ha vivido el continente en las últimas décadas. En este período de industrialización, millones de campesinos en toda América Latina dejaron sus villas y pueblos para escapar de la pobreza, de la falta de oportunidades, las guerrillas y la violencia militar, o simplemente para buscar una vida mejor en las ciudades. Esta migración cambió el balance de la población del continente en estos años. La población latinoamericana pasó de ser eminentemente rural a ser básicamente urbana. Desde 1950 a 1980, la población que vivía en áreas urbanas se duplicó de un 30 a un 60% aproximadamente.[5] En 1950 las tres cuartas partes de la población latinoamericana vivía en ciudades de menos de 20.000 habitantes; para 1976 sólo la mitad. Se está dando en el continente un crecimiento rápido de las grandes ciudades. En 1960 sólo 6 ó 7 ciudades tenían más de medio millón de habitantes; una década más tarde ya había 36 ciudades con más de medio millón de habitantes. Este fenómeno se debe al crecimiento demográfico urbano y a la migración de las áreas rurales a las ciudades.

Las cinco ciudades más populosas de América Latina, 1990-2000

Rango	Ciudad/País	Población en 1990	Población en 2000
1	Ciudad de México, México	21.3	26.3
2	Sao Paulo, Brasil	18.1	24.0
3	Buenos Aires, Argentina	11.7	13.2
4	Río de Janeiro, Brasil	11.4	13.3
5	Lima-Callao, Perú	6.8	9.1

Fuente: Raymond J. Bakke, Are You Ready for an Urban World?, World Evangelization 15, setiembre-octubre 1988, p. 12.

---

[5] Norman, *Christianity in the Southern Hemisphere*, pp. 62-63.

Proyección de las megaciudades en las Américas*

1985	1990	1995	2000	2005	2010	2015	2020	2025
67	75	84	95	105	113	119	127	136

*Ciudades con más de un millón de habitantes.

El fenómeno de industrialización y la consiguiente migración hacia las ciudades ha afectado dramáticamente las pautas religiosas. Para quienes migraron, las condiciones de anomía en que se vivía favorecieron la posibilidad de un cambio religioso. Desarraigados de sus familias y tradiciones religiosas, viviendo en villas miserias y a merced de delincuentes, la acción de las guerrillas urbanas o las fuerzas represoras del gobierno, los pobres urbanos se transformaron en suelo fértil para el proselitismo evangélico. El debilitamiento de los controles sociales tradicionales, el sentido de confusión y desamparo en el anonimato de la vida ciudadana, el choque de los nuevos valores sociales que suele acompañar a la adaptación al trabajo industrial, la ausencia de las lealtades de una comunidad familiar y del paternalismo que todavía caracteriza las relaciones de trabajo en las áreas rurales, todas estas condiciones favorecieron el desarrollo de una crisis aguda de identidad personal en los migrantes urbanos. Bajo tales condiciones, el cambio de los viejos valores religiosos por otros nuevos fue y continúa siendo un hecho.

Emilio Willems señala que, según el censo nacional chileno de 1960, «el grueso de la población protestante está localizado en las provincias más urbanizadas e industrializadas del país». La proporción de evangélicos, mayormente pentecostales, que residían en estas provincias aumentó de alrededor de un tercio en 1920 a casi la mitad del total de la población protestante para 1960. En Santiago, la proporción de evangélicos que vivían allí aumentó del 13.4% en 1920 al 26.0% en 1960. Estos datos indican que ha habido una estrecha relación entre los procesos de industrialización y urbanización y el crecimiento del protestantismo, especialmente de corte pentecostal.[6]

Parece evidente que las formas más popularizadas del protestantismo evangélico latinoamericano crecieron notablemente aprovechando los procesos de urbanización, mecanización, educación popular y migración que se produjeron a partir de mediados de siglo. El nuevo ciudadano urbano, recién llegado de un área rural, forzado a ajustarse no sólo a las rutinas del trabajo en la fábrica, sino a las condiciones de hacinamiento y de desorientación personal y familiar resultantes de su desplazamiento, quedó fuera del circuito de atención pastoral y religiosa de la Iglesia Católica Romana. Y como ocurre en cualquier crisis o momento de decisión, el migrante quedó expuesto en la ciudad a nuevas posibilidades para modelar su identidad. Entre otros, los evangélicos respondieron a esta oportunidad con notable vigor y entusiasmo.

El cambio de un protestantismo evangélico de origen eminentemente rural a uno urbano es revolucionario y genera profundas tensiones. La mayor parte de las discusiones y conflictos que se generan hoy hacia adentro de las varias denominaciones evangélicas e iglesias locales está íntimamente relacionada con estas tensiones que provoca esta crisis de transición, que en buena medida es cultural. La fe evangélica tradicional (protestantismo histórico o troncal) es el resultado de las elaboraciones culturales que se generaron en contextos rurales, especialmente en los Estados Unidos. Estas formas no parecen responder adecuadamente a las necesidades de las masas urbanas, especialmente en América Latina.

Por el contrario, la vitalidad entusiasta de la experiencia religiosa del protestantismo popular latinamericano, centrada en torno a la vivencia del poder del Espíritu Santo,

---

[6] Emilio Willems, *Followers of the New Faith: Culture Change and the Rise of Protestantism in Brazil and Chile*, Vanderbilt University Press, Nashville, 1967, pp. 86-89.

parece responder más efectivamente a tales expectativas. Refiriéndose más específicamente al pentecostalismo, Emilio Willems señala: «La rápida expansión de las sectas pentecostales, especialmente en comparación con las iglesias protestantes históricas, justifica la suposición de que estas sectas llenan ciertas necesidades, o quizás corresponden a ciertas aspiraciones de la gente expuesta al impacto de cambios culturales que no pueden controlar ni entender».[7] De hecho, el pentecostalismo latinoamericano es un fenómeno religioso típicamente urbano, y es en las grandes ciudades del continente donde se verifica su mayor crecimiento numérico.

El protestantismo latinoamericano del futuro será urbano. Las iglesias estarán ubicadas en medio de enormes aglomeramientos de población y rodeadas de necesidades dramáticas. Las masas de habitantes urbanos pobres, marginados y fuera totalmente del circuito económico se volcarán a las iglesias evangélicas como último recurso para conservar algo de su dignidad humana. A fin de responder con el evangelio del Reino a tales demandas, las iglesias deberán cambiar radicalmente desde su comprensión de la fe, pasando por sus estructuras eclesiológicas, hasta la manera en que definan su misión en el mundo.

De un protestantismo histórico a un protestantismo pentecostal y carismático

Desde el punto de vista de la espiritualidad, el protestantismo del futuro tendrá un tinte característicamente pentecostal y carismático. Esto tiene que ver, primero, con la manera en que percibimos a Dios. Hace más de cuarenta años atrás, el obispo anglicano Leslie Newbigin calificaba a los grupos pentecostales como la «tercera fuerza» del cristianismo. Según él, las tres grandes ramas cristianas responden de una

---

[7] *Ibid.*, pp. 122-123.

¿Hacia dónde vamos?

manera particular y propia a la pregunta: ¿cómo somos incorporados a Cristo? La respuesta protestante tradicional es: por la palabra, es decir, por la fe. Los católicos romanos responden: por los sacramentos. Los pentecostales dicen: recibiendo y permaneciendo en el Espíritu Santo.[8]

El pentecostalismo, entonces, pertenece a esa rama del cristianismo que coloca la experiencia personal del Espíritu Santo como señal de la condición de ser cristiano. En otro lugar, y desde otro punto de análisis, señalábamos: «Mientras los católicos romanos consideran que el Espíritu Santo obra a través del sacerdote y los sacramentos, y en general los protestantes ven su manifestación a través de la Biblia, los pentecostales conciben la acción del Espíritu de manera directa sobre la experiencia personal del creyente».[9] Uno debería preguntarse si estas respuestas son necesariamente excluyentes.

No obstante, parece ser que, al menos en América Latina, un tipo de percepción pentecostal de la fe cristiana se está haciendo cada vez más común. Como señala Theodore Roszak: «El artículo de fe, la autoridad de la Escritura, el credo aprendido de memoria... todos estas cosas ya no satisfarán como fundamento para la fe religiosa. Si la fe es la evidencia de las cosas que no se ven, debe, no obstante, llegar a ser evidente en la experiencia». La experiencia se transforma, de este modo, en una cuestión clave en la búsqueda de la verdad; llega a ser una experiencia trascendente, que permite a la persona experimentar a Dios y su poder de manera más directa.

Además, esto tiene que ver también con el peso e influencia del movimiento pentecostal-carismático sobre el mundo religioso en razón de sus números. Si bien, como se indicó, no se perderán las convicciones propias y la identidad denominacional, parece evidente que estos movimientos

---

[8] Leslie Newbigin, *The Household of God*, Friendship Press, Nueva York, 1954, p. 24.
[9] Deiros, *Historia del cristianismo en América Latina*, p. 752.

evangélicos recientes ejercerán una influencia inevitable sobre todo el pueblo cristiano. Sus números por sí solos tendrán un peso enorme. En 1974 había 91.000.000 de pentecostales y carismáticos en el mundo. En 1989 su número había ascendido a los 372.000.000. En toda la historia de la humanidad jamás se ha visto a ningún movimiento humano de ningún orden experimentar un crecimiento tal.

David J. Hesselgrave señala: "No puede haber dudas de que el pentecostalismo ha emergido como una fuerza mayor en el mundo cristiano... Su tasa de crecimiento eclipsa a la de cualquier otro segmento del cristianismo, y es la más grande en el Tercer Mundo. Tantas como nueve de las veinte iglesias más grandes del mundo son pentecostales o carismáticas".[10] Especialmente en América Latina, la tasa de crecimiento anual en el número de creyentes y de iglesias pentecostales y carismáticas es totalmente inédita. Según Emilio Willems, el crecimiento pentecostal en Brasil y Chile «ha alcanzado las proporciones de un movimiento de masas religioso».[11]

Cualquiera que sea nuestra evaluación de este fenómeno, como cristianos ubicados a las puertas del tercer milenio no podemos ser indiferentes al mismo. Me parece un hecho incuestionable, en relación con el cristianismo evangélico latinoamericano, que hay en marcha un proceso de creciente «pentecostalización» bastante generalizado. Para quienes pertenecemos a una tradición diferente de la pentecostal-carismática, esta constatación nos puede resultar incómoda o difícil de aceptar, pero cualquier observador cuidadoso del paisaje religioso evangélico latinoamericano no podrá eludirla.

---

[10] David J. Hesselgrave, «Ten Major Trends in World Missions», *World Evangelization* 15, mayo-junio 1988, p. 13. Véase también, Idem, «Trends in World Christianity», *Evangelical Missions Quarterly*, julio de 1987, pp. 298-305.

[11] Willems, *Followers of the New Faith*, p. 20.

De un protestantismo burgués a un protestantismo pobre

Desde el punto de vista sociológico, el protestantismo latinoamericano del futuro estará comprometido con la promoción social de los pobres y marginados. América Latina se encuentra atravesando una situación de extrema pobreza, que lejos de mejorar va a empeorar sustancialmente en las próximas décadas. Según ciertas estimaciones, en 1972, el 43% de la población latinoamericana (110 millones de personas) vivía en grave pobreza. Un promedio de 35% de la población latinoamericana tiene un ingreso inferior al necesario para adquirir los alimentos mínimos requeridos para vivir. En 1971 se afirmaba que cerca de 30 millones de brasileros (de un total de 110 millones) vivía en condiciones de pobreza absoluta.

El concepto de «pobreza absoluta» se aplica a personas sin medios para obtener, con la mitad de su renta, una dieta de costo mínimo necesaria para su organismo (calculada en unos 40 dólares anuales), y reservar la otra mitad para gastos no alimenticios. La desigualdad en la participación de los bienes es atroz, ya que el 10% de la población del continente consume el 43% del producto nacional, mientras que el 90% restante debe repartirse lo que queda. En Brasil, un campesino minifundista necesita trabajar 61 años para ganar lo que un latifundista gana por año en una sola de sus propiedades. En Ecuador debe trabajar 165 años y en Guatemala 399 años para alcanzar esa suma. El futuro que viene solo promete más de lo mismo o una situación probablemente peor.

Ahora bien, el protestantismo histórico ha estado ligado profundamente al proyecto burgués y liberal, al punto de configurarse como un protestantismo de clase media. Este protestantismo ha fracasado en producir las transformaciones sociales que América Latina sigue necesitando desesperadamente. Las iglesias evangélicas que crezcan en el futuro lo harán desde una postura de desacuerdo con la estructura social opresiva del contexto, y se expresarán cada vez más como un movimiento de solidaridad de clase baja.

El típico carácter latinoamericano, cuyos rasgos incluyen una calidez y hospitalidad innatas, resignación frente a las calamidades naturales periódicas, flexibilidad de espíritu que produce tolerancia, atracción hacia personalidades carismáticas, individualismo y una tendencia singular hacia el emocionalismo y el misticismo, encontrará en el protestantismo que viene un canal de expresión adecuado.

Esto será particularmente cierto respecto de las expresiones pentecostales-carismáticas del protestantismo latinoamericano. Según el sociólogo David Martin: «Los pentecostales constituyen un compromiso mucho más extenso con los pobres y son la primer manifestación popular del protestantismo. Lo que es interesante es la forma en que la flexibilidad y variedad producida por la fragmentación los ayuda tanto a permanecer populares (en el sentido de alcanzar a la masa del pueblo) como a crear ramas que pueden ser ofrecidas ya sea a aquellos que están listos para la mobilidad o a aquellos que ya están en la clase media».[12]

Desde la década de 1960, las iglesias pentecostales-carismáticas han tenido un éxito notable en identificarse como las verdaderas «iglesias de los desheredados» para aquellos que buscaban una alternativa entre el catolicismo señorial y oligárquico tradicional, la política radical revolucionaria y de izquierda, y el protestantismo histórico y burgués. A diferencia de este último, el pentecostalismo latinoamericano se ha expresado en organizaciones basadas en una clase social y fuertemente se ha identificado como movimiento de protesta contra la estructura de clase existente.[13] Generalmente, estas iglesias han estado en desacuerdo con la estructura social del contexto en términos de las reglas de organización y los símbolos tradicionales, que han considerado como pertenecientes a las clases superiores. Por lo menos, se han rehusado a una actitud acomodaticia a los valores tradicionales.

---

[12] Martin, *Tongues of Fire*, p. 53.
[13] Willems, *Followers of the New Faith*, p. 218.

¿Hacia dónde vamos?

Además, los pentecostales han florecido en lugares en los que hay cambio cultural, en la anomía de las áreas urbanas, y en los distritos rurales donde el cambio económico ha resultado en la perturbación de las relaciones tradicionales. Algunos avances pentecostales recientes se han dado entre sectores de la población obrera a nivel más bajo, especialmente en áreas o grupos de marcado disloque social, donde el pentecostalismo aparece como «un movimiento de solidariodad de clase baja».[14]

Debe señalarse, por otro lado, que amplios sectores del pentecostalismo, especialmente en su versión clásica, están pasando por procesos de aburguesamiento, mientras las segundas o terceras generaciones de creyentes van ascendiendo en la escala social. No obstante, es probable que el protestantismo evangélico del futuro se identifique aun más con los sectores marginales urbanos y sirva de catalizador para profundos procesos de cambios sociales. De hecho, iglesias evangélicas de raíces más tradicionales que van modelándose hacia perfiles más carismáticos o ligándose a redes (*networks*) de carácter posdenominacional, están ministrando con muy buenos resultados en medios urbanos pobres. Estas congregaciones cuentan con una tradición de buena formación teológica, excelente organización eclesial, buen liderazgo, y una infraestructura más o menos adecuada, ...y, además, generalmente son carismáticas en su espiritualidad y expresión cúltica. Son precisamente este tipo de congregaciones las que mejor aprovecharán las circunstancias sociológicas de la situación deprimida de las ciudades latinoamericanas, y las que mejor podrán responder a las necesidades de las masas urbanas empobrecidas. En la medida que la presente política económico-social neocapitalista continúe con su programa de enriquecimiento de unos pocos y empobrecimiento de los muchos, el testimonio evangélico de estas iglesias obtendrá notables resultados, especialmente en las grandes ciudades del continente.

---

[14] Cornelia Butler Flora, *Pentecostalism in Colombia: Baptism by Fire and Spirit*, Associated University Presses, N.l., 1976, p. 93.

De un protestantismo foráneo a un protestantismo autóctono

Desde el punto de vista del origen y de las fuentes de que se alimenta, el protestantismo latinoamericano del futuro estará más anclado en el continente, que fuera de él. El proceso de independencia y autonomía respecto de las metrópolis misioneras se irá incrementando, a medida que el liderazgo nacional termine con los últimos lazos de la dependencia económica e informática. Los cambios se harán más evidentes en el culto y sus formas, que en otras expresiones de la fe evangélica. El sermón en las nuevas iglesias será expresión de la vida del pueblo y no tratará tanto con la gramática de la religión, es decir, las doctrinas, que no pocas veces son substitutos verbales de una experiencia de la vida real. De igual modo, los himnos no serán producto del folklore foráneo de otros tiempos, en los que las palabras son más didácticas que líricas y más morales que experienciales. Las alabanzas serán más parecidas al salterio hebreo y a la poesía y la canción española y lusitana, en el sentido de que expresarán los sentimientos y emociones del corazón. El culto será más dramático, con mayor participación del pueblo y del cuerpo, apelando más a los sentidos que a la razón. El clima de una fiesta se impondrá sobre el ambiente de una conferencia.

Los elementos folklóricos de la cultura hispanoamericana (como la danza grupal, el canto improvisado, la oración colectiva) tendrán una mayor influencia en las diversas expresiones de la fe. Seguramente muchos de los elementos que se desarrollen en las iglesias latinoamericanas afectarán la manera en que se celebre el culto en otras partes del mundo. Hay indicios de que ya se está dando una exportación de formas a otras latitudes.

Probablemente el resultado más sorprendente del proceso de creciente autonomía y autoctonización sea el surgimiento de una teología evangélica latinoamericana. Esta teología se elaborará no tanto a partir de la reflexión razonada de la fe, sino de la vivencia experiencial de la misma en las particulares circunstancias de nuestro contexto. En esta fe, la experiencia validará la Biblia, y la Biblia validará la experiencia. Dios hablará no solo a través del registro inspirado de su Palabra, la Biblia, sino también a través de la experiencia del Espíritu Santo en la vida del creyente en su situación concreta. Este enfoque del quehacer teológico resultará en una popularización y democratización de la teología, que dejará de ser el ejercicio exclusivo de «los que saben» acerca de la fe, para ser la práctica de «los que viven» la fe de Cristo. De este modo, la doctrina cristiana será el resultado de la experiencia cristiana, en conformidad con lo que Dios nos ha dado a conocer en Jesucristo, según el testimonio de las Escrituras, interpretado bajo la guía del Espíritu Santo.

De un protestantismo institucional a un protestantismo del Reino

La nueva teología evangélica latinoamericana, basada en la realidad del señorío de Cristo y de un profundo contenido encarnacional, parece ser lo más característico de la producción teológica reciente en América Latina. Como se ha visto, la falsa dicotomía entre Cristo el Salvador y Cristo el Señor, está dando lugar a una afirmación firme del carácter vital y fundamental del señorío de Cristo. Junto con esto, la comprensión de la salvación como un proceso de entrega permanente en obediencia al Señor está produciendo frutos abundantes en la vida cotidiana de los creyentes. El fuerte énfasis sobre el discipulado cristiano, y su corolario de obediencia radical bajo su señorío, están llevando a una comprensión más dinámica de la santidad cristiana. Con ello se está redescubriendo el sentido de la vida cristiana como militancia, y la vivencia de la realidad como una confrontación con las fuerzas del mal. Tal entendimiento dramático de la fe, se da junto con una mayor conciencia de los recursos espirituales para hacer frente a tal confrontación espiritual con los poderes de maldad. El creyente está aprendiendo a echar mano del poder de Dios y a utilizar los recursos que el Espíritu Santo pone a su alcance para habilitarlo en el cumplimiento de su misión.

Una cristología encarnacional está produciendo también una mayor percepción de la inmediatez de Dios y su involucramiento en lo propiamente humano e histórico. A medida que esta teología se popularice, puede producir resultados sorprendentes en términos del cambio social. Cuanto menos docético y más humano sea el Cristo que se siga, tanto más posible será comprometerse con Él en la lucha por la justicia, la verdad, la paz y la libertad. Cuanto más próximo esté Dios a la experiencia cotidiana, por la obra del Espíritu Santo, tanto más fácil será actuar en su nombre como fermento de cambio en la sociedad. Lejos de alienar de la realidad, de abrir una vía de escape a problemas aparentemente irresolubles, de ofrecer un refugio consolador para los que padecen injusticia, o anestesiar el dolor de los que sufren atropellos, el protestantismo evangélico latinoamericano del futuro puede ser un poderoso agente de cambio social. Y creo que lo será en la medida que se libere de los compromisos formales, institucionales y de estructuras perimidas, para ser expresión dinámica y poderosa de la presencia del Reino de Dios en América Latina.

De un protestantismo introvertido a un protestantismo protagonista

Con el desarrollo numérico explosivo y la disminución del clima de prejuicio popular contra los evangélicos, el protestantismo latinoamericano gozará de oportunidades inéditas para romper el síndrome del «pequeño pueblo muy feliz» y aventurarse a asumir los riesgos de hacerse responsable por la suerte de América Latina. La presencia evangélica está siendo cada vez más aceptada y valorada por amplios sectores de la población en Guatemala, Nicaragua, Brasil, Chile y (hasta cierto punto) en Argentina. Esto es así en buena medida gracias a la influencia positiva que los evangélicos están ejerciendo a través de obras educacionales y filantrópicas.[15] David Martin ha sostenido recientemente que a través del establecimiento de hospitales, escuelas, orfanatos y una trama de ayuda mutua y solidaria (en efecto, mediante «la creación autónoma, ex nihilo, de un sistema de bienestar social y de avance educativo») los evangélicos han movilizado a los estratos más bajos de la sociedad y han afectado la psiquis colectiva, «al punto que alteran su posición social».[16]

En este sentido, es de esperar que el protestantismo evangélico del futuro tenga un protagonismo muy significativo en diversas esferas. Su fuerza numérica lo transformará en un factor generador de opinión, con lo cual, por primera vez en la historia de la cultura latinoamericana, tendrá la oportunidad de contribuir al modelamiento de la misma. Esto ocurrirá no sólo con la introducción del vocabulario «evangélico» al idioma vernáculo, sino también con la incorporación de la simbología e imágenes evangélicas a la literatura, el arte, la música y otras expresiones culturales.

El peso de la presencia evangélica en la esfera política se incrementará notablemente, a medida que la masa evangélica gane peso electoral y termine de romper con el cascarón de su abstencionismo tradicional. Hasta ahora, la influencia de los evangélicos en la transformación económica y social de América Latina ha sido nula. Sin embargo, la actitud apolítica (y en algunos casos antipolítica) que ha caracterizado secularmente a amplios sectores del protestantismo latinoamericano está cambiando vertiginosamente. Si el celo religioso y la fe piadosa de los evangélicos latinoamericanos experimenta un cambio en su presente orientación teológica trasmundana y abstencionista, a medida que se tornen más críticas las condiciones económicas y sociales, su influencia directa sobre estos procesos en el continente puede ser inmensa.[17]

---

[15] Martin, *Tongues of Fire*, p. 45.
[16] *Ibid.*
[17] Deiros, «Protestant Fundamentalism in Latin America», p. 182.

Además, el creciente flujo de la información junto con mejores posibilidades de acceso a la misma, están habilitando a los evangélicos para una participación más activa en el escenario social y político. El acceso a estratos superiores en la pirámide social ha permitido también a muchos evangélicos hacer una adaptación de la mentalidad tradicional de clase baja y media baja, típica del protestantismo latinoamericano. Según Lalive d'Epinay, la clase social determina el nivel de conocimiento político particular que se tiene. En el caso de los evangélicos latinoamericanos, además de su condición de clase, el hecho de ser protestantes ha hecho que históricamente careciesen de mayor información que otros grupos de la misma clase social. Pero, al poder contar con un mayor caudal de información y educación, la participación y el compromiso en la sociedad se hará más viable para los evangélicos en América Latina.[18]

Por otro lado, en la medida en que se fortifiquen las endebles democracias latinoamericanas y se produzcan los ajustes legales necesarios, un mayor número de evangélicos encontrará mayores oportunidades de participación gremial y política. Debe recordarse que en algunos países las leyes fundamentales todavía discriminan a los evangélicos como ciudadanos de segunda clase.

Más importante todavía es el hecho de que se está produciendo entre los evangélicos latinoamericanos un significativo giro teológico. En buena medida debido a la influencia de la teología de la liberación (y más recientemente la teología de los excluídos) y la necesidad de responder de manera más adecuada desde la fe a las acuciantes demandas de la realidad, los evangélicos han comenzado a desarrollar una reflexión más profunda sobre las implicaciones totales del evangelio para América Latina. Esto ha llevado y llevará a una toma de conciencia más seria sobre el ineludible compromiso político y social del cristiano. Cada vez son

---

[18] Véase Lalive d'Epinay, *Religión e ideología desde una perspectiva sociológica*, p. 54.

más los creyentes que asumen alguna forma de compromiso político y social, no a pesar de su fe sino por causa de la misma.

De un protestantismo minoría a un protestantismo mayoría

En razón de que el protestantismo latinoamericano está probando ser capaz de responder a las preocupaciones inmediatas de las clases bajas y medias bajas latinoamericanas, es probable que continúe creciendo en número. El pueblo latinoamericano está buscando caminos de expresión en un contexto que ofrece muy pocas oportunidades para la participación sociopolítica, y mucho menos para la satisfacción de las necesidades básicas del ser humano. Además, la clase política latinoamericana está tan desprestigiada, que ya nadie confía en que los políticos puedan tener una solución viable para los difíciles problemas que nos confrontan. La corrupción está tan generalizada, que la población está buscando reservas morales y espirituales confiables en las que depositar sus esperanzas. Es aquí, precisamente, donde los evangélicos podremos encontrar una fuente de oportunidad única en el futuro inmediato, siempre y cuando vivamos la calidad de vida y testimonio cristianos que corresponden al Reino de Dios.

Christian Lalive d'Epinay, hace ya más de una década, señalaba en relación con el pentecostalismo chileno, que «si las posibilidades de participación social y política al alcance de las clases populares se reducen, crecen en la misma proporción las oportunidades de difusión para el pentecostalismo».[19] El científico social holandés Juan Tennekes llegó a la misma conclusión en su estudio del pentecostalismo chileno después del golpe de estado militar de 1973. Decía él: «Ahora que se ha proscripto toda oposición

---

[19] Lalive d'Epinay, «Reflexiones a propósito del pentecostalismo chileno», p. 104.

legal, la única avenida abierta es la de la protesta religiosa; ahora que no hay otras organizaciones que puedan operar como comunidades, la búsqueda de una comunidad religiosa será más grande que nunca». Su anticipo hace veinticinco años era: «El pentecostalismo, por lo tanto, será fortalecido... Para el pueblo chileno, aplastado en fuego y sangre por sus propias fuerzas armadas, la religión se transformará en la única forma legalmente aceptada de expresar sus problemas, dudas y esperanzas».[20]

En los últimos veinte años muchas cosas han cambiado en el continente, entre ellas, se ha iniciado el proceso del establecimiento y configuración de democracias formales en la mayoría de los países del continente. Sin embargo, la corrupción política generalizada y el desencanto con la clase política y la dirigencia en general, continúan dando vigencia a los factores que pueden favorecer el desarrollo de las iglesias evangélicas, especialmente de aquellas mejor identificadas con las clases populares. De modo que, mientras persistan las condiciones presentes de opresión, pobreza, marginamiento e injusticia social, el protestantismo popular latinoamericano seguirá creciendo en número a expensas de la Iglesia Católica Romana, que no parece ser capaz de responder a la crisis de manera significativa.

De un protestantismo secularizado a un protestantismo espiritualizado

En lo que va del siglo, América Latina ha pasado por un profundo proceso de secularización. Si bien este proceso no ha tenido las mismas características que el europeo (que desplaza lo cristiano), sus rasgos propios son bien evidentes. En general, el continente ha experimentado una transición de una sociedad tradicional a una moderna, con el consiguiente desarraigo e inevitable descristianización. La

---

[20] Tennekes, *La nueva vida*, p. 130.

¿Hacia dónde vamos?

transición no se ha producido de forma regular y sincronizada, pero sí ha sido bastante profunda. La tradición ha ido perdiendo fuerza, de modo que las acciones prescriptivas han dejado lugar a las electivas, actuando las personas más a base de sus propias decisiones que por tradición. Las instituciones han regulado con menos vigor la vida del individuo. Esto se ha visto en el papel cada vez menos directivo que han asumido los pastores, diáconos o la congregación en general. La disciplina eclesiástica se ha tornado infrecuente, al menos en comparación con décadas atrás cuando era muy rigurosa.

Junto con la pérdida de la vigencia de la tradición, se ha dado también la aceptación del cambio como normal y necesario. Lo novedoso se ha visto con mayor simpatía que lo tradicional. Por lo tanto, la diferenciación de funciones (técnica, ciencia, familia, economía) típica de la sociedad moderna, ha compartimentado la vida, que en la sociedad tradicional funcionaba como un conjunto indiferenciado. La vida de la iglesia, que antes apelaba más a la totalidad de la persona, poco a poco se ha ido especializando en el ámbito religioso. El cristianismo «dominguero» se fue tornando más común en los medios evangélicos, especialmente en los grandes centros urbanos.

El desarraigo y las transformaciones resultantes de la transición social ha afectado también en forma especial a la familia. De la familia extendida o grupo familiar, típico del medio rural, se ha pasado a la familia nuclear o reducida. La familia ha perdido, de este modo, las funciones tradicionales, como por ejemplo, la educación religiosa de los niños. El culto familiar y otros usos y costumbres tradicionales empezaron a ser cosas del pasado. La práctica religiosa, en términos generales, se ha visto afectada. La asistencia a los cultos no resultó ser tan frecuente y regular como antaño, o al menos han ido surgiendo muchas otras instituciones y actividades que han competido con la iglesia al atraer el interés de las familias y los individuos.

Hasta tiempos recientes, el proceso de secularización y sus secuelas ha sido un verdadero dolor de cabeza para los cristianos evangélicos. Básicamente, las iglesias han confrontado el problema de cómo estar en el mundo sin ser del mundo. Cómo vivir «la sana doctrina» y una ética cristiana consistente, sin caer en el peligro de acomodarse a los valores conformados por el mundo y no por el Evangelio. Todavía sigue siendo un desafío enorme luchar contra la idea de que la felicidad y el bien supremo consiste en la seguridad, el confort, el dinero, el éxito, el poder, según estos valores son definidos por el mundo.

Con la secularización, los cristianos han tenido que vérselas con su corolario, que es el secularismo o relativismo religioso. La gran preocupación de muchos, hasta hace poco, era cómo predicar la verdad del evangelio en un mundo secularizado y relativista. ¿Cómo no ser un fanático religioso y mantenerse comunicado con un mundo para el que aparentemente Dios ha muerto?

Sin embargo, en los últimos años las cosas han cambiado radicalmente. Y la tendencia parece ser que el movimiento pendular se profundizará en el futuro. Nuestro mundo está resultando ser cada día más religioso, o al menos, más espiritual. Los fenómenos espirituales y religiosos están a la orden del día. No sólo el vocabulario religioso está penetrando profundamente la cultura, sino que ésta se está llenando de gestos y símbolos que tienen que ver con la esfera espiritual. Se está percibiendo una verdadera invasión del trasmundo en el mundo cotidiano, mientras la atmósfera se va poblando de ángeles y demonios, espíritus y fuerzas. La búsqueda de trascendencia parece interesar más que la aprehensión de lo tangible e inmediato, mientras la gente recurre a los agentes de lo espiritual y religioso, antes que a los manipuladores de la ciencia y la técnica.

Para los cristianos evangélicos, el gran problema a resolver hoy y mañana ya no es cómo predicar a Cristo en un mundo secularizado, sino cómo ser cristiano en un mundo donde lo religioso predomina. En un mundo secularizado, el cristiano brillaba con luz propia y su identidad era fácil de distinguir. Pero en un mundo espiritualizado, ¿cómo definir la identidad cristiana? ¿Cuál es la diferencia entre

¿Hacia dónde vamos?

un pastor que ora por sanidad y un pai de la macumba, que hace lo mismo? ¿En qué son diferentes una liberación cristiana de una liberación umbandista? ¿Es la oración de un médium espiritista igual que la de un creyente cristiano? ¿Cuál es la diferencia entre un concepto integral de la vida según el evangelio cristiano y el mismo concepto en el mensaje de la Nueva Era? ¿Hay lugar para el misticismo evangélico en un mundo donde cada día surgen nuevas vías místicas?

Parece evidente que si los cristianos camino al siglo XXI desean vivir una fe relevante, deberán responder a estas y muchas otras preguntas similares. Es más, la marca de la autenticidad del creyente evangélico no podrá ser otra que una vida de santidad, que se exprese en un seguimiento radical y obediente de Cristo como único Señor. Cualquier otro modelo podrá ser fácilmente imitado por los movimientos espirituales de moda y las nuevas religiones alternativas que están creciendo como hongos por todo el continente.

Junto con la santidad, y como expresión de ello, el cristiano del tercer milenio deberá depender más que nunca del Espíritu Santo para la vivencia y expresión de su fe. Los magos de hoy son capaces de hacer todos los milagros imaginables. Toda la creatividad e imaginación de la carne no será suficiente para poner en evidencia su mentira. Sólo el poder y la autoridad que vienen del Espíritu Santo podrán contrarrestar los engaños y mentiras de Satanás, como ocurrió en los primeros días del cristianismo. Milagros, prodigios, señales y maravillas deberán integrarse más y con mayor frecuencia a la manera de vivir la fe cristiana, si es que la iglesia del futuro quiere hacer realidad la promesa del Señor de que «las puertas del Hades no prevalecerán contra ella».

Conclusión

A modo de conclusión, deseo hacer los siguientes comentarios. Las diez tendencias señaladas no son taxativas ni agotan las posibilidades de lo que puede ocurrir en el futuro. Por otro lado, en general, se las ha formulado desde una aproximación positiva, sin señalar aquellos elementos que pudieran operar como factores negativos en el desarrollo de las mismas. El lugar disponible no alcanza para una discusión a fondo de estos elementos negativos. No obstante, es conveniente por lo menos mencionar algunos en términos de peligros de los cuales hay que estar advertidos:

1. *El peligro del triunfalismo*: creer que todo lo que se hace está bien hecho, que jamás nos equivocamos, y que el resultado final está garantizado por lo que somos y valemos.

2. *El peligro del exitismo*: la búsqueda de resultados positivos como un fin en sí mismo y a cualquier costo, especialmente guiados por las pautas que gobiernan y definen el éxito en el mundo (las cuatro «P»: placer, poder, prosperidad, prestigio).

3. *El peligro del subjetivismo*: hacer de la experiencia subjetiva el elemento normativo de la fe y del conocimiento de la realidad espiritual, sin someterla a la autoridad docente y correctiva del registro normativo de la revelación divina, que es la Biblia.

4. *El peligro del sincretismo*: unir distintos elementos religiosos, tomados de diferentes sistemas, especialmente no cristianos, en una nueva totalidad y sistema, con lo cual se pervierte el evangelio del Reino, cuyo carácter es radical y excluyente.

5. *El peligro del constantinismo*: pretender unir el compromiso único con el Reino de Dios con los reinos de este mundo, sus demandas y valores.

6. *El peligro del sentimentalismo*: pensar que la fe y la práctica cristiana pasan exclusivamente por una exagerada sensibilidad y el imperio de los sentimientos, con exclusión de la reflexión y el razonamiento lógico.

7. *El peligro del populismo*: pensar ingenuamente que todo lo que proviene de la entraña del pueblo (cultura, costumbres, folklore, etc.) es correcto en términos cristianos y se justifica su incorporación y aplicación en el Reino de Dios, sin su sometimiento a una crítica profunda.

¿Hacia dónde vamos?

8. *El peligro del fetichismo*: pensar que el poder de Dios está necesariamente asociado con ciertos objetos (fetiches), a los que se les atribuye cualidades o poderes sobrenaturales que le permiten a quien los posee o usa obtener lo que desea (Biblia, bautismo, cena del Señor, himnario, aceite de la unción, etc.)

9. *El peligro del emocionalismo*: considerar que las únicas expresiones válidas de la fe son aquellas que pasan por las experiencias fisiológicas y sicológicas conscientes de tensión o excitación de carácter patético y dramático.

10. *El peligro del autoritarismo*: que se funda en la sumisión incondicional a la autoridad, especialmente de un líder o caudillo carismático, y en el dogmatismo de la enseñanza y los principios conductores.

Sea como fuere, parece posible esperar que el futuro represente para la fe cristiana uno de los tiempos más desafiantes y de oportunidades mayores desde que el evangelio se proclama sobre la faz de la tierra. Particularmente, América Latina será el escenario de uno de los procesos de expansión más impresionantes de la fe cristiana de toda su historia. El impacto del Evangelio sobre la cultura, la política, la sociedad como un todo será único y sin parangón.

Los creyentes de hoy deberán ser orientados, entrenados y formados para asumir un futuro muy lleno de posibilidades, a fin de que puedan ser protagonistas del mismo y no meros espectadores marginales. En la medida que logremos desarrollar un movimiento evangélico que esté a la altura de estos procesos, habremos de responder adecuadamente a las demandas del Reino de Dios en un tiempo singular de redención de toda la humanidad, antes de la manifestación gloriosa del Señor.

CAPÍTULO 6

¿CÓMO ESTAMOS YENDO?

No son pocos en nuestros días los intelectuales que nos están advirtiendo que la nuestra es una cultura posmoderna. La cultura occidental ha padecido muchos cambios en las últimas décadas. Debido a la desilusión creciente con el razonamiento científico, la tecnología, el materialismo y los sistemas de gobierno modernos, muchas personas en la década de 1960 iniciaron una búsqueda de relevancia e individualidad, caracterizada por el rechazo de los modelos tradicionales y el anticipo de un nuevo mundo.[1] El movimiento *hippie* de la década de 1960 fue una de las expresiones de esta búsqueda. Pero, hacia fines de esa década y comienzos de los años 70, este movimiento casi

---

[1] Roszak, *Person/Planet*, p. xxvii.

había desaparecido y el mundo occidental se sumergió nuevamente en esquemas más conservadores y autoritarios.

Sin embargo, la afirmación forzada de los tradicionales valores «occidentales y cristianos» no pudo cerrar la fisura que se produjo en toda la cultura occidental. En grado creciente, los dioses modernos del Estado, el razonamiento científico, las instituciones, el materialismo y la tecnología, están sucumbiendo a la búsqueda de una nueva integración de las dimensiones moral, religiosa y estética de la vida.[2] Muchos de los que seguían la ortodoxia despersonalizante de la cultura científica y tecnológica occidental, están ahora a la búsqueda de un desarrollo personal y espiritual más profundo, de autenticidad e integración. Estas pautas de conducta recientes han asumido múltiples formas: la meditación trascendental, el yoga, el orientalismo, el ocultismo, el espiritismo, los libros de autoestudio y autoayuda, el aerobismo, el ecologismo, las dietas alimentarias, los nuevos grupos religiosos, el misticismo, Nueva Era, etc. Todas estas formas expresan el mismo anhelo y la misma búsqueda: un deseo por expandir el yo y el espíritu personal más allá de lo que hasta ahora el razonamiento y la racionalidad científica han permitido.[3]

Este proceso de espiritualización de nuestro mundo occidental se está tornando en una verdadera revolución. No se trata de una revolución evidente ni violenta, sino de un proceso interno en el que están participando muchos movimientos de nuestra cultura. Esta revolución en nuestra cosmovisión incluye un retorno a lo primario y directo, en lugar de lo secundario e indirecto; a los sentimientos y emociones en lugar de las palabras que describen esos

---

[2] Hans Peter Dreitzel, «On the Political Meaning of Culture», en *Beyond the Crisis*, ed. por Norman Birbaum, Oxford University Press, Nueva York, 1977, pp. 98-99.
[3] Sobre esto, véase Fritjof Capra, *The Turning Point*, Simon and Schuster, Nueva York, 1982, p. 15. Capra es uno de los autores más leídos por los seguidores de la Nueva Era.

sentimientos y emociones; a la unidad y totalidad de la vida en lugar de las distinciones y categorizaciones; al relativismo y la elasticidad en la comprensión de la realidad en lugar del dogmatismo y la casuística; a la fluidez y humildad en la afirmación de la verdad en lugar de las ortodoxias, las certidumbres infundadas o las sistematizaciones normativas; en definitiva, a la afirmación de una vida más humana en lugar de una rutina mortífera y mecánica, que no tiene nada que ver con la experiencia de una vida plena.

Muchos autores recientes han descrito en detalle la decadencia del pensamiento científico, el humanismo secular y el absurdo, y han señalado el efecto deshumanizador de estos movimientos. Ahora, por primera vez en su historia, nuestra cultura occidental está a los umbrales de un nuevo movimiento global que reemplazará estas viejas y dicotomizadas maneras de pensar. Este cambio está en marcha y es lo que se denomina como «la cultura posmoderna». Houston Smith comenta sobre la inmensidad de este cambio, y dice: «Algo enorme ha ocurrido al ser humano occidental. Su concepto de la vida y del mundo ha cambiado tan radicalmente que, en la perspectiva de la historia, el siglo XX probablemente se equipare —junto con el siglo IV, que fue testigo del triunfo del cristianismo, y el XVII, que marcó el amanecer de la ciencia moderna— como una de las muy pocas eras que han instigado de manera genuina nuevas épocas en el pensamiento humano».[4]

Vamos a detenernos un poco para considerar algunos aspectos sobresalientes de este nuevo marco cultural, ya que es dentro del mismo que estamos procurando estar presentes como iglesias y cumplir con nuestra misión en el mundo. Este análisis podrá servirnos para responder a la inquietante pregunta en cuanto hacia dónde vamos con nuestro testimonio evangélico en América Latina, y cómo

---

[4] Houston Smith, *Beyond the Post Modern Mind*, Crossroad, Nueva York, 1982, p. 5.

estamos recorriendo este camino tan lleno de oportunidades y desafíos.

Nuevos movimientos en marcha

Estos nuevos movimientos pueden ser caracterizados como la lucha por expandir la concepción del ser humano como persona, más allá de lo que la necesidad industrial puede tolerar o de lo que el intelecto científico puede entender.[5] En un sentido, se trata de un nuevo humanismo, no secular sino visionario y trascendente, que pretende devolver al ser humano su valor como persona. La ciencia, con su énfasis sobre la razón y el método de razonamiento científico, ha servido para mejorar nuestras condiciones de vida, pero no ha dado satisfacción a nuestras necesidades emocionales y espirituales. La tecnología, el materialismo y el consumismo han llenado las necesidades físicas del ser humano, pero le han robado su dignidad y valor como persona.[6]

Frente al fracaso de la cultura moderna, están surgiendo por todo el mundo nuevos movimientos que prometen una visión más integral de la realidad, y la satisfacción de los reclamos emocionales y espirituales del ser humano de hoy.

Estos movimientos tienen tres elementos en común, que representan los aspectos principales de los nuevos desarrollos filosóficos de hoy: (1) han abandonado los viejos intentos de responder a las necesidades humanas, a través de la ciencia, el pensamiento racional, el materialismo, el sensualismo y la religión institucionalizada; (2) creen que hay un yo humano que está más allá de la cultura, una persona

---

[5] Theodore Roszak, *The Unfinished Animal: The Aquarian Frontier and the Evolution of Consciousness*, Harper & Row, Nueva York, 1975, pp. 24-25.
[6] Véase Marilyn Ferguson, *The Aquarian Conspiracy*, St. Martin's Press, Nueva York, 1980, p. 40. Este libro de Ferguson se considera como la «biblia» del movimiento Nueva Era.

humana que está por sobre el yo socializado, un ser humano cuya identidad incluye un elemento trascendente; y (3) están intentando encontrar una nueva síntesis, que reemplace la vieja fragmentación de la cultura, combinando el arte y la ciencia, la fe y la razón, la tecnología y la condición humana, las emociones y el intelecto, el ser humano y la naturaleza, y que ponga fin a las falsas dicotomías que las viejas maneras de pensar han afirmado inexorablemente y que tradicionalmente se han establecido entre estos elementos.

Consideremos más detalladamente cada uno de estos aspectos comunes en la cosmovisión actual.

Una nueva respuesta

El primer elemento común en la cosmovisión de hoy es una nueva manera de responder a las necesidades humanas básicas, fuera de las tradicionales propuestas de la ciencia, la tecnología, el humanismo secular y la religión institucionalizada. Parece ser un hecho fuera de discusión que la ciencia, la tecnología, el humanismo secular y la religión institucionalizada han fracasado en llenar *todas* las necesidades del ser humano, especialmente sus necesidades emocionales y espirituales. Por el contrario, estos elementos de la modernidad han creado enormes problemas al hombre occidental. Es por eso que nuestra cultura occidental moderna está en crisis.

Enumeremos brevemente algunos de los componentes de esta crisis global:[7]

El equilibrio ecológico está en peligro. Es un hecho la polución irremediable de la atmósfera y los océanos. Se están alcanzando los límites máximos de sobrepoblación. El hambre mundial sigue batiendo récords. El agotamiento de los recursos naturales parece inexorable. El ser humano

---

[7] Véase, Kirkpatrick Sales, *Human Scale*, Coward, McCann and Geoghegan, Nueva York, 1980, pp. 21-25.

es atacado por nuevas enfermedades, y otras que se creían derrotadas están apareciendo de nuevo en grado alarmante. La explotación irracional de la naturaleza no parece tener límites. Tecnologías descontroladas se aplican de manera irresponsable teniendo como único fin el lucro. La multiplicación de toxinas químicas en el agua, el aire y la comida, pone en serio riesgo la supervivencia de millones de seres. Las especies animales y vegetales amenazadas con su extinción en tierra y mar se van agregando a una lista trágica, que no parece tener fin y que aumenta cada vez más.

La situación económica y financiera del mundo es un verdadero caos de cambios radicales y veloces. El mundo tripolar, dominado por las tres enormes agrupaciones económicas de Norteamérica, Europa y Asia, hoy se ve sacudido por infinidad de naciones, muchas de ellas del Mundo de los Dos Tercios, que reclaman su parte de la torta, en el marco de una economía globalizada. El libre comercio, la desregulación y la privatización constituyen la nueva trinidad, que garantiza providencialmente el éxito y la prosperidad en la nueva religión del capitalismo descarnado y del neoliberalismo, que hoy sigue la mayor parte de las economías occidentales.

Más impactante todavía parece ser la revolución que está ocurriendo en todo el planeta, con impresionantes consecuencias sobre la economía global. Según Reginald Dale: «A medida que el milenio se acerca, un terremoto económico está sacudiendo al globo, produciendo una conmoción comparable a la Revolución Industrial que dió nacimiento a la era de las manufacturas. La Revolución Informática está potenciada por avances tecnológicos impresionantes, que aceleran el comercio mundial y la difusión de las políticas del libre mercado».[8]

Por todas partes están surgiendo como hongos nuevos mercados. Hace diez años, las economías de mercado libre

---

[8] Reginald Dale, «Toward the Millennium: The Economic Revolution Has Begun», *Time*, 13 de marzo de 1995, p. 35.

abarcaban a mil millones de personas. Ahora, dice el Subsecretario del Tesoro norteamericano, Lawrence Summers, «es apenas una leve exageración decir que esta es la era en que tres mil millones de personas se han subido a una escalera rápida a la modernidad». Todo esto significa que el mundo entra en una era de incertidumbre y dislocación. Así como la Revolución Industrial desató fuerzas que terminaron por destruir el viejo orden agrario, la Revolución Informática de nuestros días está creando una nueva división global del trabajo con imprevisibles consecuencias para el futuro de naciones e individuos.

La situación política y social no es menos alarmante. La creciente sospecha hacia las autoridades constituidas se suma a la desconfianza en relación con las instituciones establecidas. Las formas democráticas occidentales están en crisis, lo cual produce una gran inseguridad en los votantes, que cada vez desconfían más de los gobiernos que elevaron al poder. Los partidos políticos tradicionales van perdiendo credibilidad, y la política misma está sumamente desprestigiada. Votantes desilusionados están buscando nuevos líderes y maneras de gobernar nuevas o reformadas, como ha ocurrido en Japón e Italia, donde órdenes políticos tradicionales han sido sacudidos o incluso sacados del poder.

La sociedad misma se ve conmovida con el incremento en el rompimiento de los lazos familiares. Hay una generalizada declinación del sentido de comunidad y de la solidaridad social. La polarización social y económica crece a pasos agigantados. Las diferencias de clase están emergiendo incluso en países occidentales. En un contexto más amplio, advierte un informe de la Comisión Internacional sobre el Gobierno Mundial, un grupo de veintiocho eminentes expertos independientes que informaron sobre el futuro de las instituciones mundiales en el año 1994, «la globalización está en peligro de ampliar la brecha entre ricos y pobres. Un mundo cada vez más rico y sofisticado está cohexistiendo hoy con una clase deprimida, global y marginalizada».[9] El mundo parece moverse en dirección a un cierto número de Estados ricos y estables, y un mar de Estados deprimidos, marginales y llenos de conflictos para sobrevivir.

El mundo refleja otros saldos negativos preocupantes, como el creciente número de analfabetos o semianalfabetos, la falta de oportunidades profesionales y laborales, y la descalificación como mano de obra de un número cada vez más alto de seres humanos. La Revolución Informática está reduciendo el número de personas empleadas en la manufactura. Los menos educados y que no tienen acceso al mundo de la información están condenados a la miseria. Y el número de desplazados crece cada día de manera astronómica. La educación, que sería la solución para esta situación, está en crisis. La fragmentación del conocimiento de la realidad acompaña al deterioro de los sistemas educativos, la ignorancia cultural, el caos artístico y la incertidumbre estética. Nuestro mundo, supersofisticado en sus conocimientos científicos y tecnológicos, está plagado de ignorantes que no saben leer y escribir, o carecen de las pericias necesarias para sobrevivir en el mundo informático.

El nivel de la calidad de vida ha entrado en caída libre. El creciente deterioro de las ciudades es acompañado por la constitución de ghettos étnicos, sociales o religiosos, generalmente en expansión y superpoblados. Las congestiones de tránsito, el smog, y falta de servicios públicos suficientes son males endémicos en cualquier gran ciudad del mundo. Los sistemas de seguridad social resultan deshumanizantes. Los hospitales están repletos y la mayor parte de las personas no recibe la atención médica que necesita. La injusticia racial y social marca profundamente a la vida urbana, al igual que el crimen y el temor.

El crecimiento de la soledad, la impotencia, la inseguridad, la ansiedad, el aburrimiento, la confusión, la alienación, los

---

[9] *Ibid.*

estados depresivos, el suicidio, la enfermedad mental, el alcoholismo, la drogadicción, el divorcio, y la violencia están a la orden del día. Los medios masivos de comunicación no hacen más que ocuparse de estas evidencias mórbidas del deterioro de nuestro mundo. Cuando terminamos de ingerir la información sobre este tipo de realidades, continúa el menú no menos dramático de la incertidumbre económica, el desempleo y el subempleo, la inflación, la devaluación monetaria, la recesión, el ausentismo laboral, la coima, la corrupción, el derroche y la ineficiencia, el endeudamiento y las huelgas. Aproximadamente el 30% de la fuerza de trabajo mundial —unos 820 millones de personas— están desempleados o subempleados, lo cual significa la tasa más alta desde la Gran Depresión de los años de 1930, según la Organización Internacional del Trabajo.[10]

La inestabilidad política internacional se une a la inflación mundial, para levantar mayores nubes de alarma. Se está produciendo una verdadera explosión en el número de países que quieren participar de su cuota de poder político y económico en el mundo. En julio de 1944, sólo 44 naciones estuvieron representadas en la conferencia en Bretton Woods, Nueva Hampshire, que estableció el Fondo Monetario Internacional y el Banco Mundial, los dos pilares del presente sistema económico mundial. Hoy el FMI tiene 179 miembros, y el reciente Acuerdo General de Tarifas y Comercio (GATT) fue firmado por 118 países. Además, el fin de la era colonial llevó a la proliferación de nuevos países, una tendencia que ha continuado con el reciente colapso del comunismo. Desde la caída del muro de Berlín en noviembre de 1989, se han creado más de dos docenas de nuevos Estados, mayormente como resultado del desmembramiento de la Unión Soviética. Y se espera que se creen más a medida que continúe resurgiendo el nacionalismo en otras partes del mundo.

---

[10] *Ibid.*

Las guerras nacionales e internacionales y el aparentemente imparable proceso de armamentismo sumen a millones de seres humanos en condiciones de alta vulnerabilidad. Conflictos como el de Perú y Ecuador, sumados a estados de guerra interna, como el del estado de Chiapas en México, muestran cuán volátil es la paz en nuestro continente y en todo el mundo. Todo esto no deja de tener consecuencias nefastas sobre la calidad de vida de las personas. La pobreza se alimenta de la inestabilidad política y del caos económico.

La pobreza absoluta ya no parece ser una excepción ni está circunscripta a unos pocos países del mundo. Hoy parece ser ubicua y endémica. Una nueva polarización del mundo parece estar dándose, esta vez entre ricos y pobres, entre quienes tienen la información y quienes no la tienen, entre los que manejan el capital y los que deben enajenar su libertad para obtenerlo.

La erosión del compromiso religioso, al menos en muchos sectores institucionalizados de la cristiandad, parece irreversible. A todo esto se suma el rechazo de la ley, el olvido de la tradición y sus valores, y la confusión ética y moral.

Hoy los valores son establecidos no en base a principios de trascendencia, sino según las fuerzas del mercado y se han tornado tan volátiles como los precios de los artículos de consumo de primera necesidad.

Todo lo mencionado es abrumador cuando se lo considera en su conjunto, y muchos señalan que estos problemas son el resultado del fracaso de la ciencia, la tecnología, el humanismo secular y la religión institucionalizada en satisfacer muchas de las necesidades básicas del ser humano, a pesar de que han contribuido mucho a su bienestar material y su desarrollo cultural. De allí la necesidad de encontrar una nueva respuesta a los viejos problemas del ser humano.

Muchos están a la búsqueda de esta nueva respuesta, mientras que otros afirman haberla encontrado.

Un nuevo yo

El segundo elemento común en la cosmovisión de hoy es la convicción de que el yo humano trasciende las clasificaciones del pensamiento científico racional. Como señala Marshall McLuhan, «hoy somos más conscientes de lo no consciente», que cualquier otra generación inmediata anterior.[11] Marilyn Ferguson, la famosa profetisa de la Nueva Era, indica que «millones hoy han experimentado los aspectos trascendentes de la realidad y han incorporado este conocimiento a sus vidas».[12] Hoy, como nunca antes en la era científica y tecnológica, las personas están involucradas en la búsqueda general de una nueva integración de las dimensiones moral, religiosa y estética de la vida. Esta búsqueda amenaza la credibilidad sicológica de la sociedad industrial, y su resultado es el surgimiento de una nueva identidad humana que está más abierta a la realidad y a la dimensión espiritual de la vida. En este sentido, se está dando la espiritualización de nuestra cultura. El hombre y la mujer de hoy son cada vez más «religiosos» y están más abiertos a vivir experiencias trascendentales. El mundo de lo sobrenatural se está tornando cada vez más «familiar» al ser humano a fines del presente milenio.

Testimonio de este aprecio por lo espiritual-religioso-trascendental-sobrenatural es la proliferación de la literatura de cienciaficción, y películas como «Guerra de las galaxias», «El Imperio contraataca», la serie sobre «Star Trek», «Cazadores del arca perdida», y «ET». El cine de nuestros días es un buen muestrario de la apertura de la cultura contemporánea al trasmundo. Los numerosos filmes ocultistas y satanistas compiten con otras obras que exaltan el mundo de lo mágico y fantasioso. Las historias de hadas vuelven a ser atractivas, pero no ya para los niños sino para adultos supersofisticados. La gran popularidad de las religiones orientales se suma a la medicina integral, la meditación

---

[11] Marshall McLuhan, *Understanding Media*, McGraw-Hill, Nueva York, 1964.
[12] Ferguson, *The Aquarian Conspiracy*, p. 363.

trascendental, el yoga, la bioalimentación, el naturismo, la parasicología, y especialmente la difusión masiva de la Nueva Era y todos sus derivados. Este deseo de ir más allá de lo inmediato está tan generalizado, que no se lo puede calificar como una contracultura, como fue denominado el movimiento *hippie* de los años 60, con su espiritualidad drogadicta. Hoy la espiritualidad y el misticismo se han metido en la corriente principal de nuestra mentalidad cultural.

Este elemento trascendente incluye la creencia de que existen muchos fenómenos que están por encima o más allá del pensamiento racional. Estos fenómenos habrían sido calificados como imposibles o como meras supersticiones en otros tiempos, y especialmente durante la era científica y moderna. Sin embargo, en una sociedad posindustrial, poscientífica y posmoderna, la búsqueda de lo milagroso parece normal y aceptable.[13] Con asombro, es posible leer en revistas científicas o por lo menos cuasi-científicas, artículos que discuten temas como experiencias extrasensoriales, la reencarnación, la nueva física, detalles sobre prácticas espirituales antiguas, sanidad de fe, fuerzas y campos de energía, magnetismo, parasicología, exorcismos, angelología, medicina shamánica, mediumidad, etc. Además, son miles de millones los libros que cada año se publican en el mundo en relación con estos temas. Lo milagroso y paranormal ya forma parte de la reflexión seria en nuestra cultura. Una nube creciente de gurúes, brujos, hechiceros, adivinos, magos y videntes; pero también numerosos sanadores de fe, profetas, predicadores del evangelio, y cristianos que ejercen los dones del Espíritu Santo están desplazando a los intelectuales, políticos, científicos y técnicos de su lugar como modeladores de la cultura.

Una nueva síntesis

El tercer elemento común en la cosmovisión de hoy es la

---

[13] Véase el interesante artículo de Theodore Roszak, «In Search of the Miraculous», *Harper's*, enero de 1981, pp. 54-62.

búsqueda de una nueva síntesis, que integre definitivamente nuestra cultura. No son pocos los pensadores occidentales que hoy están buscando romper el dualismo griego de la cultura occidental y la polarización de elementos que le es característica. Su intento es encontrar una síntesis que combine arte y ciencia, las emociones y el intelecto, la condición de persona humana y la tecnología, lo supra-racional y lo racional, el cuerpo y el espíritu. Este es el desafío más serio que están confrontando hoy los esquemas tradicionales de nuestra cultura.

La teología cristiana no podrá permanecer ajena a este proceso integrador de la cultura. Los próximos 50 años serán testigos probablemente de un salto mayor en la comprensión científica de la naturaleza fundamental del universo físico. Desde que Einstein publicó su teoría de la relatividad en 1915, los científicos han estado luchando por encontrar una Teoría del Todo (en inglés, Theory of Everything, TOE), que relacione las cuatro fuerzas básicas de la naturaleza: gravedad, electromagnetismo, y las fuerzas débiles y fuertes de la energía nuclear. Algunos hallazgos recientes por parte de físicos y astrofísicos en todo el mundo informan que se está muy cerca de alcanzar tal aspiración. El descubrimiento y la verificación de una teoría unificada del universo físico tendrá enormes consecuencias prácticas y teológicas. Un salto así significará una verdadera revolución copernicana. Tal comprensión nueva del universo demandará una teología cristiana del mismo que sea coherente y aceptable: una «teología cristiana del todo» que sea convincente, y que no solo sea científicamente consistente, sino bíblicamente sana.

Alvin Toffler en su libro *La tercera ola*, define la nueva síntesis radical que está ocurriendo en la cultura en estos términos: «Hoy, creo, estamos parados en el filo de una nueva era de síntesis. En todos los campos intelectuales, desde las ciencias exactas hasta la sociología, la sicología y la economía —especialmente la economía—, muy probablemente vamos a ver un retorno a un pensamiento en gran escala ... a juntar de nuevo los pedazos».[14] Este proceso de integración se expresa a través del vocablo «integral» ligado a todo tipo de pensamiento y producción humana: desde medicina integral a evangelización integral, pasando por alimentación integral y pensamiento integral.

Este es también el elemento que atrae más a quienes están dentro como a quienes están fuera de las instituciones religiosas tradicionales. Este elemento es el que permite al ser humano aprovecharse de lo mejor de la ciencia, la racionalidad y la tecnología, pero integrarlas en la promoción del ser humano, en la expresión de valores suprarracionales y en la vivencia de experiencias sobrenaturales. Esta comprensión integral de la realidad humana no deja de lado ninguna de sus necesidades, sino que procura entenderlas y satisfacerlas de tal modo que la persona humana pueda ser más humana e integrada.

La nueva cultura en gestación

En estos últimos años del siglo XX, una nueva cultura está emergiendo. Esta cultura en desarrollo se caracteriza por el aprovechamiento al máximo de los recursos científicos y tecnológicos para el mejoramiento de la calidad de vida, pero con una conciencia cada vez mayor de la necesidad de armonizar estos recursos con los procesos de la naturaleza y del espíritu. Vamos camino a una cultura mística y religiosa, donde lo sobrenatural y espiritual no es herejía, sino parte natural de las vivencias cotidianas.

La cultura occidental durante la Edad Media era una cultura religiosa, en la que el mito, el misterio y la religión constituían la base para el pensamiento y la actividad colectiva. Más tarde, con la Revolución Industrial, la cultura occidental pasó a ser una cultura secular dominada por la razón, la ciencia y la tecnología, que reemplazaron los misterios religiosos como base del pensamiento y la creatividad.

---

[14] Toffler, *Tercera ola* (p. 146 del original en inglés).

Pero hoy vivimos una nueva revolución, en la que la cultura occidental va camino de una síntesis que romperá con estas polarizaciones y dicotomías. La cultura que está en ciernes no es ni religiosa ni secular: es ambas cosas al mismo tiempo. Mito y misterio, ciencia y razón parecen estar ahora asociados en una síntesis que satisface la totalidad del ser humano de manera inédita.

Si este rápido análisis es correcto, esto significa que el mundo de estos próximos años, antes del nuevo milenio, será totalmente diferente de lo que hasta ahora hemos conocido. El proceso de transformación radical de nuestra presente cultura occidental parece irreversible e inexorable. Hoy estamos siendo testigos de una cultura que está en franca decadencia y una nueva que está emergiendo.

Es a la luz de este nuevo marco cultural que debemos preguntarnos sobre la presencia de la Iglesia en el mundo. Nuestra efectividad en el cumplimiento de la misión que nos ha sido encomendada depende directamente de nuestra capacidad de comprender este marco cultural y ajustarnos al mismo desde nuestra fidelidad al evangelio y nuestro compromiso con el Reino de Dios. En la medida en que logremos entender el mundo en que vivamos, estaremos en mejores condiciones de comunicarle el evangelio del Reino y responder más efectivamente a sus necesidades sentidas.

La necesidad de una nueva estrategia

No voy a detenerme en discutir lo que todos tenemos bien sabido, y es que un elemento fundamental de la misión de la Iglesia es su ministerio evangelizador y docente. Todos coincidimos en que, en el desempeño de su misión en el mundo, la Iglesia cumple cinco funciones, que según el Nuevo Testamento son: adoración, proclamación, enseñanza, comunión y servicio. Tampoco voy a hacer un nuevo planteo de la teología de la evangelización o la educación cristiana, ni promover la proclamación del evangelio y la enseñanza de la Biblia, porque estimo que ya se ha hablado y escrito demasiado sobre estos particulares. Más bien, lo que me propongo hacer en esta segunda parte de este capítulo, es: (1) una crítica de nuestro enfoque presente del ministerio evangelizador y educativo de la iglesia, a la luz del análisis de la realidad que hemos elaborado en la primera parte de esta presentación; (2) una síntesis de lo que me parecen son las necesidades más inmediatas de nuestras iglesias en relación con el cumplimiento de su misión; y, (3) una propuesta de una nueva estrategia operativa para la evangelización y la educación cristiana en nuestras iglesias, más acorde con los enormes desafíos que nos esperan en los próximos años antes del milenio.

Consideraciones críticas de las presentes estructuras

A lo largo de los siglos, las iglesias han utilizado diversos medios para llevar a cabo su misión, según las cinco funciones señaladas por el Nuevo Testamento: *leiturgia* (adoración), *kerygma* (proclamación), *didaje* (enseñanza), *koinonia* (comunión), y *diakonia* (servicio). Estas funciones se han cumplido de las más diversas maneras, generalmente a partir de un eje o énfasis principal. Así, por ejemplo, hasta la conversión de Constantino, la proclamación del evangelio ocupó un lugar pivotal en el cumplimiento de la misión de las iglesias. Apóstoles, evangelistas y profetas se constituyeron en los protagonistas principales de la acción de la iglesia en el mundo. Con el correr de los siglos, la predicación fue cediendo lugar a la adoración. Cuando más se institucionalizó la iglesia tanto más se fueron elaborando formas litúrgicas, al punto que en la cristiandad griega el purismo litúrgico llegó casi a identificarse con la ortodoxia. La cristiandad medieval, sin abandonar el fuerte énfasis litúrgico, se desarrolló en torno a un profundo sentido de solidaridad, en el que la comunión de la fe cristiana llevó al desarrollo de grandiosas empresas comunes, como las Cruzadas. El advenimiento de la Reforma colocó nuevamente el eje de la misión de la iglesia en la proclamación verbal de la Palabra. Como consecuencia de los grandes avivamientos del siglo XVIII en Inglaterra y Norteamérica, la educación cristiana y la difusión de la Biblia pasaron a un primer plano. El servicio tendría que esperar hasta principios del presente siglo para ocupar un lugar de mayor importancia dentro del conjunto de la misión de la iglesia.

Estas observaciones generales no significan que en estos grandes períodos de la historia del cristianismo, la iglesia dejó de cumplir alguna de sus otras funciones. El hecho de que una o dos de las cinco funciones de la iglesia hayan operado como pivotes de la misión no significa que las demás hayan desaparecido. Pero sí parece evidente que hubo un énfasis principal o un punto sobre el cual la iglesia hizo girar su comprensión y práctica de la misión.

Estos cambios de eje o énfasis no respondieron tanto a factores internos de la vida de la Iglesia, como al efecto del impacto de la cultura sobre el cristianismo en un determinado momento histórico de su desarrollo. Así como la Iglesia afectó con su testimonio cristiano el desarrollo de la cultura, también es cierto que la cultura ejerció una poderosa influencia, no sólo en la manera en que los cristianos elaboraron su comprensión de su experiencia religiosa, sino también en la forma en que llevaron a cabo su misión en el mundo.

Con el advenimiento de la Revolución Industrial en el siglo XVIII, el mundo occidental experimentó un cambio radical en su cosmovisión. Comenzó a desarrollarse lo que conocemos como «el mundo moderno», caracterizado por el imperio de la racionalidad científica, el auge de la técnica, el desarrollo del secularismo y el materialismo, y nuevos modelos de religión institucionalizada. En este último aspecto, un nuevo fenómeno comenzó a verificarse dentro del protestantismo, y fue el surgimiento del cristianismo denominacional, con un fuerte énfasis sobre la proclamación y la enseñanza de la Biblia. Expresión de estos cambios religiosos que acompañaron el proceso de la Revolución Industrial fueron los grandes avivamientos espirituales, el surgimiento del movimiento misionero moderno, los movimientos cristianos humanitarios, y especialmente el gran desarrollo de la educación cristiana a través del movimiento de las Escuelas Dominicales.

Las Escuelas Dominicales comenzaron en 1769 gracias a la iniciativa de una mujer metodista inglesa, Ana Ball. Más tarde, esta nueva estrategria operativa para la enseñanza de la Biblia, que encajaba muy bien en el contexto de la cultura moderna en desarrollo, fue perfeccionada y popularizada por un laico anglicano, Roberto Raikes. En 1786, Guillermo Richardson, vicario evangélico de San Michaelle-Belfrey, en York, Inglaterra, fundó la Sociedad de Escuelas Dominicales de la Iglesia de Inglaterra, mientras que en 1803 se fundó la Unión de Escuelas Dominicales. La influencia que este movimiento ejerció sobre la cultura inglesa es notable, ya que las Escuelas Dominicales marcaron los pasos hacia una educación libre y popular. En pocos años, el movimiento de la Escuela Dominical se difundió por todo el mundo protestante, hasta transformarse en el eje del cumplimiento de la misión de las iglesias.

La Escuela Dominical, subproducto de la cultura moderna e industrial, nació junto con el denominacionalismo. De allí que la gran mayoría de las nuevas denominaciones (bautistas, metodistas, etc.), y más tarde otras iglesias del protestantismo histórico, la adoptaron inmediatamente no sólo como estrategia operativa para la enseñanza de la Biblia, sino como elemento orientador en el cumplimiento de su misión. Durante más de dos siglos, la Escuela Dominical no sólo fue un medio para cumplir el ministerio docente de la iglesia, sino que fue el eje de la misión de la misma. En la mayor parte de las iglesias evangélicas hasta hoy se enseña la Biblia, se discipula, se evangeliza, se adora y se expresa la comunión cristiana a través de la Escuela Dominical. Tan importante ha llegado a ser esta institución, que en algunos lugares se mide el grado de desarrollo de una iglesia local conforme la asistencia a su Escuela Dominical.

Sin embargo, con el correr del tiempo, esta valiosa herramienta parece haber perdido su eficacia como eje de la misión. Cada vez son más las iglesias locales que reconocen serios problemas en el mantenimiento de sus programas de enseñanza de la Biblia a través de la Escuela Dominical.

¿Cómo estamos yendo?

Parece ser un hecho comprobado que, al menos en años recientes, la Escuela Dominical ya no es más la agencia centralizadora y dinamizadora de la misión total de la iglesia. Se han probado decenas de modificaciones y adaptaciones de la Escuela Dominical, incluso su especialización como expresión del ministerio docente de la iglesia. Sin embargo, en muchos casos, resulta evidente la situación de crisis por la que atraviesan las iglesias en el cumplimiento de su función docente.

No voy a detenerme en el análisis de esta crisis, porque su realidad me parece tan palmaria, que no admite discusión. Sí creo que vale la pena preguntarse sobre las raíces más profundas de esta crisis. Permítanme presentarles mi hipótesis sobre el particular. Considero que la presente crisis de la educación cristiana en nuestras iglesias, no se encuentra tanto en la articulación de nuestras estructuras operativas, como en su total descontextualización y anacronismo en la presente era posmoderna. Quiero ser más claro: en la cultura posmoderna y posindustrial, con su búsqueda de una síntesis integradora de la realidad, la Escuela Dominical, como subproducto de una cultura moderna e industrial, está fuera de lugar y no responde adecuadamente a las necesidades de las personas y las iglesias. La Escuela Dominical hoy es tan anacrónica e ineficiente como las juntas y sociedades misioneras que nacieron con el movimiento misionero moderno en Europa y los Estados Unidos; es tan anacrónica como la himnología avivamientista del siglo pasado; es tan anacrónica como el movimiento antiesclavista y de reforma de los manicomios; es tan anacrónica como la teología racionalista liberal y el fundamentalismo racionalista. Las iglesias cristianas, a las puertas del nuevo milenio, necesitan de una nueva estrategia operativa, que les permita cumplir mejor su misión docente en el contexto de una cultura postmoderna.

Algo similar puede señalarse en cuanto al ministerio evangelístico de la Iglesia. El modelo de la evangelización personal todavía prevaleciente está fundado en las presuposiciones individualistas de la cultura anglosajona. Estas estrategias evangelísticas se modelaron bajo los fuegos de los grandes avivamientos del siglo XVIII y el impacto de la teología y ética pietistas, especialmente en Inglaterra y sus colonias americanas. A fines del siglo XVII y a través de todo el XVIII aparece en la historia del protestantismo un despertar de la religiosidad individual que va aparejado a un nuevo interés en las misiones. Los dirigentes de este nuevo despertar protestaban contra la rigidez de la vieja ortodoxia protestante, y aunque ellos mismos eran por lo general teólogos debidamente adiestrados, tendían a subrayar por encima de las fórmulas teológicas la importancia de la vida cristiana práctica. Esta vida cristiana se entendía por lo general en términos individualistas, de modo que se subrayaba la experiencia personal del cristiano y su obediencia como individuo ante los mandatos divinos.[15]

Síntesis de las necesidades de las iglesias

La elaboración de una nueva estrategia operativa para el ministerio evangelizador y docente de la iglesia deberá tomar muy en cuenta las necesidades reales de las mismas en el cumplimiento de su misión hoy. Todo cambio de estructuras y estrategias debe estar sólidamente fundamentado en la identificación de las necesidades que deben ser cubiertas, y que con los medios presentes quedan sin satisfacer. Después de décadas de ejercicio de las presentes estructuras y modelos estratégicos tradicionales, considero que hay ciertas necesidades de la comunidad de fe que deben ser tomadas en cuenta.

La necesidad de una evangelización total. América Latina necesita de una evangelización total, con un evangelio total, para el ser humano total. La tarea de evangelización consiste en proclamar el evangelio de Jesucristo con poder. Pero esta predicación debe tener en cuenta el contexto, su cultura y sus necesidades, sin por ello confundirse con ese

---

[15] González, *Historia de las misiones,* pp. 197-198.

contexto. Los evangélicos debemos luchar por conocer mejor la cultura latinoamericana, los rápidos cambios sociales habidos en el continente, el folklore, las costumbres y aspiraciones del ser humano común, y traducir el evangelio de tal modo que sea entendido y aceptado con libertad. El eterno Evangelio de Cristo debe ser puesto en los términos de hoy. El mensaje de Jesús de Nazaret tiene que ser comunicado al hombre y la mujer latinoamericanos en términos del marco cultural en que se encuentran.

Esta comunicación más efectiva del evangelio cristiano presupone un reconocimiento del ethos latinoamericano. En la antropología cultural se llama ethos al conjunto de ideas y creencias que la mayoría de las personas de un grupo étnicamente delimitable tiene acerca de los problemas fundamentales. El ethos puede darse tanto en la pequeña tribu de un pueblo primitivo, como en una gran sociedad moderna. Con este nombre se designa especialmente a los ideales y esquemas de conducta considerados obligatorios por la mayoría y que garantizan una vida común regulada, y predecible de antemano. De este modo, el ethos es la característica predominante de una cultura étnica o racial considerada como un todo. Se refiere, pues, al sistema de preferencias de un grupo social, es decir, al conjunto de hábitos, costumbres y modos de ser que se define a través de la suma de los actos de los individuos que integran una determinada cultura. *El ethos latinoamericano, en definitiva, es el modo como cada latinoamericano y la cultura latinoamericana vive su ser*. Es el conjunto de ideas, valores e ideales predominantes, que le da su carácter distintivo a la cultura latinoamericana. En este sentido, el pueblo latinoamericano está mayormente inclinado a ser influido más estéticamente que de otra manera. Cuando el sentimiento y las emociones ocupan el lugar de la razón, hay una mejor respuesta. La evangelización total demanda que se contemple esta sensibilidad estética, especialmente en lo que se refiere a la alabanza y la adoración a Dios.

La necesidad de un evangelio integral . La evangelización en América Latina ha sido más particular que total; más verbalista que pragmática o concreta; con un evangelio de ofertas y no con un evangelio de discipulado y obediencia. La falsa distinción dualista entre materia y espíritu, cuerpo y alma, vida terrenal y vida eterna, iglesia y sociedad, junto con la dicotomía entre el mundo y la iglesia, ha sido característica de la prédica evangélica de muchas iglesias. Esto ha llevado a concebir un evangelio ajeno e indiferente a las necesidades inmediatas del ser humano. Incluso, ha producido un evangelio inhumano, que negó como herética o mundana toda demanda por justicia social, amor y promoción humana y social. Se redujo el deber evangelístico a lograr la «salvación del alma», mutilando así el evangelio de Cristo, que tiene que ver con la salvación del ser humano, y del ser humano en su totalidad. No ha habido todavía mayores indicios de cambios en esta tendencia gnóstica y parcializadora en lo que hace a la tarea evangelística en América Latina.

Por otro lado, la tarea de una evangelización integral sufre de cierta postergación o negligencia en los programas de las iglesias. La evangelización según el Nuevo Testamento es siempre llevada a cabo por una comunidad de fe, la iglesia, que lo hace a partir de su propia vida. En América Latina, las iglesias, en general, han estado más preocupadas en el montaje de sus estructuras y programas internos, que en cumplir la ineludible misión de ser sal y luz en el mundo. Ha habido un divorcio muy marcado en algunos casos entre teología y ética, entre prédica y acción, entre doctrina y praxis. Las iglesias que pregonan el amor de Dios no siempre son un buen ejemplo o claro reflejo de ese amor; las que proclaman justicia suelen crear dentro de su seno las más absurdas condiciones opresivas y de marginamiento y discriminación. La rigidez, el ajuste estricto a las tradiciones heredadas y la falta de plasticidad ante el cambio están haciendo morir en esterilidad, o dormitar en el conformismo a muchas iglesias.

La necesidad de un discipulado profundo. El sistema de discipulado actual no nos permite alcanzar a toda la membresía de nuestras iglesias como quisiéramos. En la mayor parte de las mismas, el número de creyentes que participa de los programas educativos y de discipulado de la iglesia constituye un porcentaje, que a veces es mínimo. El grado de conocimiento de las Escrituras y el nivel de catequésis de aquellos que se integran a la membresía de la iglesia deja mucho que desear. No tenemos mayores dificultades en ganar personas para la fe de Cristo, pero todos reconocemos serios problemas en retener y conservar los frutos que se logran. Todo pastor honesto confiesa que el problema número uno hoy no es tanto cómo alcanzar a las multitudes, sino más bien como retener en el seno de la iglesia a los que se ganan. La puerta de adelante de nuestros templos está abierta de par en par, pero no logramos cerrar de manera efectiva la puerta de atrás.

El analfabetismo o semianalfabetismo bíblico evangélico es preocupante. La gente utiliza la Biblia más como un fetiche, que como fuente de doctrina y nutrimiento espiritual. Muchas iglesias se parecen más a movimientos multitudinarios, que a comunidades de fe organizadas y fundadas «en la sana doctrina» y en la verdad registrada por el Espíritu en las Escrituras. Es más, quizás hemos logrado cierto éxito en *informar* a las personas sobre el contenido de la Biblia, pero hemos fracasado en *formar* discípulos de Cristo.

Si esto es así, las iglesias necesitan desarrollar un programa de discipulado, que contemple las necesidades de las personas en sus diferentes etapas de maduración cristiana, con miras a su desarrollo integral como discípulos del Señor.

La necesidad de un cuidado pastoral efectivo. La complejidad de la vida actual, sumada a un contexto de crisis endémica, demanda de un ministerio pastoral más amplio, versátil y múltiple del que el modelo tradicional puede ofrecer. En el caso de que la membresía crezca —como debería ser en tiempos de despertar espiritual como los que estamos viviendo—, este hecho impondrá la necesidad de desarrollar un sistema de cuidado pastoral, que brinde a cada miembro la atención que necesita. El modelo tradicional del pastor profesional, que vela por todo el rebaño bajo el control de una junta de directores (diáconos, comisión coordinadora o directiva, consejo de ancianos, etc.) responde a la estructura de la corporación, típica de la cultura moderna e industrial. En un mundo en el que la estructura gerencial está dando lugar a la formación de equipos o redes de trabajo (*networks*), es preciso diseñar una nueva estructura y estrategia ministerial, que nos garantice el adecuado acompañamiento pastoral de la membresía.

La necesidad de una comunión cristiana intensa. Cada vez más nuestra sociedad se despersonaliza y el invididuo se siente solo. Las trabas para el establecimiento de relaciones personales significativas parecen multiplicarse. En el caso de que la iglesia crezca en número, fácilmente se plantea el problema de la masificación y la pérdida de las relaciones interpersonales cara a cara. Debemos hacernos a la idea de que en los próximos años, nuestras iglesias experimentarán un crecimiento numérico como nunca antes hemos visto. De ser así, correremos el riesgo de transformarnos en un movimiento de masas y no en un cuerpo de creyentes que se aman y cuidan en el Señor. Es un error querer solucionar este problema manteniendo pequeña a la iglesia. Lo que debemos hacer es elaborar una estrategia, que nos permita potenciar la riqueza de la comunión cristiana en función de la misión de la iglesia.

La necesidad de una evangelización impactante. La iglesia existe para hacer real la presencia del Reino de Dios en el mundo. El anuncio de la buena noticia es la razón de ser de la iglesia. Sin embargo, fuera de los medios tradicionales de evangelismo y misiones, no estamos involucrados en una evangelización integral impactante. Es preciso que estimulemos todos los recursos de la iglesia, a fin de generar una estrategia de evangelización permanente y total. En los próximos años Dios derramará de su Espíritu Santo de manera global «sobre toda carne». Ninguna otra generación de cristianos ha tenido y ni tendrá las oportunidades que nosotros hoy estamos vislumbrando. Por primera vez en muchos siglos, los cristianos están redescubriendo y poniendo en práctica una evangelización de poder. Cada vez son más los creyentes y las iglesias que asumen la realidad de que estamos involucrados en una guerra espiritual de carácter cósmico. Un renovado denuedo y atrevimiento está movilizando a los creyentes a testificar de su fe en Cristo. Señales, prodigios y maravillas no son extraños al testimonio de muchos cristianos evangélicos hoy. Como ocurría en tiempos neotestamentarios, sanidades y milagros acompañan a la proclamación del evangelio, junto con la ministración de liberación de los demonios. Cada vez son más los creyentes que ven su testimonio de fe acompañado por estas manifestaciones del poder y la misericordia de Dios. Debemos pensar de qué manera la iglesia va a entrenarles para cumplir su misión con mayor eficacia.

La necesidad de un sacerdocio universal comprometido. La clave para el crecimiento de la iglesia está en evitar la burocratización y profesionalización de su liderazgo, como así también la distinción pagana entre el clero y los laicos. Como señalé, el modelo de la corporación o la estructura gerencial del liderazgo de la iglesia, característicos de la cultura moderna e industrial, están pasando de moda. La doctrina bíblica del sacerdocio universal de los creyentes es la mejor vacuna contra tales males. Debemos hacer todo lo posible por despertar en cada creyente su responsabilidad respecto de los dones del Espíritu Santo y el ejercicio del ministerio al que el Señor lo llama. Tal involucramiento de toda la membresía en el cumplimiento de la misión demandará de estrategias evangelizadoras y educativas para el desarrollo de nuevos líderes, y mayores oportunidades de servicio. Cada vez más, las iglesias organizarán sus ministerios no en base a «cargos» o «puestos de trabajo», sino mediante la integración de equipos ministeriales basados en los dones del Espíritu Santo y en los ministerios a los que el Señor llame al servicio a cada creyente. Cada vez habrá menos lugar para los «especialistas» o los «superdotados», y más lugar para la participación conjunta en las responsabilidades ministeriales.

La necesidad de maximizar los recursos edilicios. Los modelos evangelizadores y educativos de la era moderna e industrial requerían de grandes inversiones en edificios especializados. Los así llamados «templos» y «edificios educacionales» son hoy tan anacrónicos e inútiles como un mamut prehistórico. En un contexto como el de la mayor parte de las ciudades de América Latina, con decenas de miles de familias sin techo, no es honesto ni justo disponer de miles de metros cuadrados de construcción para ser usados por un par de horas en la semana. Las iglesias no pueden ni deben invertir buena parte de sus presupuestos en mantener estructuras edilicias, a las que no se les da un uso intensivo y directamente relacionado con las necesidades de las personas. En la mayor parte de los casos, la insuficiencia del espacio disponible para el desarrollo de un adecuado programa evangelizador o discipular concentrado, exigirá encontrar nuevos espacios físicos más allá de los edificios que se tienen. Por otro lado, una mayordomía adecuada de los recursos edilicios disponibles aconseja que esas instalaciones sean utilizadas en actividades que involucren un uso permanente de las mismas y que estén orientadas a la satisfacción inmediata de las necesidades sentidas de las personas.

Propuesta de una nueva estrategia operativa

A la luz de las observaciones y comentarios hechos hasta aquí, permítanme ahora sugerir un modelo de estrategia operativa para el ejercicio del ministerio de evangelización y educación cristiana de la iglesia, en el cumplimiento de su misión. Nótese que se trata de una sugerencia y que no es más que un modelo. Pero creo que este modelo se ajusta convenientemente a las pautas que rigen la cultura posindustrial y posmoderna en desarrollo, y responde mejor al período de despertar espiritual generalizado y de crecimiento de la iglesia que está en ciernes.

Antes que todo, es necesario distinguir entre la estructura organizativa de la iglesia y su estrategia operativa. La primera tiene que ver con la manera en que cada iglesia se organiza para el cumplimiento de su misión, conforme a su

¿Cómo estamos yendo?

comprensión del Nuevo Testamento y según su particular modalidad o tradición histórica. La segunda tiene que ver con las variables formas en que la iglesia se propone alcanzar los objetivos que se imponga. En la presente propuesta no voy a discutir la estructura organizativa, que es toda una cuestión aparte. Pero sí quiero sugerir una nueva estrategia operativa para el cumplimiento del ministerio evangelizador y docente de las iglesias, en obediencia a la Gran Comisión.

Considerando las necesidades ya mencionadas, los recursos disponibles en la comunidad de fe, la coyuntura histórica de nuestro continente, la situación general de las iglesias y la visión que debe animarnos en cuanto al futuro, entiendo que el programa total de la iglesia puede encontrar en los encuentros de discipulado integral en las casas, su eje fundamental en términos de estrategia operativa.

Este modelo no es nuevo. En realidad, era la estrategia operativa de la iglesia primitiva, que por cierto dio excelentes resultados. Hechos 5.42 nos informa: «Y todos los días, en el templo y por las casas, no cesaban de enseñar y predicar a Jesucristo». Creo firmemente que este texto debe ser tomado como paradigma de una estrategia operativa para la enseñanza y la proclamación del evangelio en nuestros días.

No obstante, deberá guardarse una tensión dinámica entre los encuentros cúlticos de la iglesia («en el templo») y los encuentros en las casas («en las casas»). Los primeros estarán orientados básicamente a la celebración de la presencia de Dios en medio de su pueblo y la proclamación pública de su mensaje; mientras los segundos estarán orientados fundamentalmente a un discipulado integral, que incluirá también la evangelización. En otro sentido, «en el templo» (i.e. los distintos edificios dedicados al culto a Dios) se dará un movimiento centrípeto de la membresía, es decir, se la concentrará para el desarrollo de diversas actividades (culto, capacitación de liderazgo, servicio a la comunidad, encuentros de comunión cristiana, oración de la iglesia, programas evangelísticos especiales, y concentración de la información). Mientras tanto, «en las casas» el movimiento será de carácter centrífugo, es decir, se distribuirá la membresía total para el cumplimiento integral de la misión, en términos de formación bíblica, cuidado espiritual y diaconal de la grey, comunión cristiana, evangelización de los allegados, adoración y oración.

Si los encuentros hogareños se constituyen en el nuevo eje para el cumplimiento de la misión de la iglesia, será necesario cambiar la estructura organizativa de la misma. En este sentido, cada ministerio (o departamento) tiene una función específica que cumplir. En el plano de la estrategia operativa, todos los ministerios contribuyen según sea necesario al logro de los objetivos que se trace la Iglesia. Por ejemplo, en el cumplimiento de su función cúltica, la Iglesia desarrolla como estrategia operativa los cultos regulares. El ministerio de adoración cumple una función muy importante en relación con los cultos públicos, pero no es *el* ministerio responsable de los mismos, sino que pueden intervenir otros ministerios y básicamente los cultos están bajo la responsabilidad de los pastores. De igual manera, en la estrategia operativa de los encuentros en las casas habrá ministerios que tendrán una responsabilidad más directa que otros, pero los responsables finales de esta estrategia operativa serán los pastores.

Por otro lado, si los encuentros en las casas se constituyen en el nuevo eje de la misión de la iglesia, esta canalizará a través de ellos los esfuerzos para el logro de sus objetivos. Es en este sentido que se transforman en el eje del cumplimiento de la misión de la iglesia. Para que esta estrategia operativa funcione adecuadamente, hace falta la integración de la membresía total de la iglesia al programa de encuentros en las casas, es decir, que cada miembro esté integrado a un hogar y reciba allí semanalmente su formación discipular y oportunidades de servicio.

CAPÍTULO 7

¿QUÉ PODEMOS ESPERAR?

Es probable que a estas alturas, ustedes ya cuenten con elementos suficientes como para hacer su propia crítica histórica, evaluación y proyección de la presencia de las iglesias evangélicas en el continente. Quizás sea apresurado intentar hacer en esta presentación una interpretación de estas manifestaciones de la fe cristiana con miras al establecimiento definitivo del Reino de Dios en la tierra. De todos modos, estimo oportuno procurar elaborar una interpretación histórica de los elementos hasta aquí considerados, desde una perspectiva bíblica y evangélica, y en el contexto más amplio del desarrollo del Reino de Dios, especialmente en América Latina. En realidad, este ensayo de interpretación se propone comprender las evidencias de la presencia del Reino de Dios en el pasado, el presente y el futuro, leyendo la realidad desde el marco bíblico y dándole a tal comprensión un enfoque escatológico y profético. Es, pues, desde el registro de la revelación divina y en el marco histórico del desarrollo del Reino de Dios en el continente latinoamericano, y teniendo presente el inminente e inmediato retorno del Señor, que intentaré interpretar el pasado, el presente y el futuro del testimonio de las iglesias evangélicas en América Latina.

Los dos crecimientos

Nunca como hoy ha habido entre los cristianos latinoamericanos una preocupación tan generalizada por el desarrollo y crecimiento de la iglesia. No se trata de la promoción de una determinada teoría o estrategia de crecimiento numérico, sino de una auténtica inquietud por ver la expansión integral del Reino de Dios sobre la tierra. Una creciente expectativa en cuanto al retorno de Cristo, estimulada por el cumplimiento de viejas profecías al respecto y el advenimiento del final del presente siglo, están creando una conciencia más profunda de ver a *toda la humanidad* rendida a los pies del Señor. Cabe advertir, no obstante, que el celo evangelizador y la expectativa escatológica, junto con el anhelo de un crecimiento significativo, no siempre resultan en expresiones consistentes de la fe evangélica. A fines de 1972, en una consulta organizada por la Fraternidad Teológica Latinoamericana, Samuel Escobar expresaba inquietudes que tienen hoy una actualidad asombrosa. Señalando las inconsistencias éticas de algunos sectores del protestantismo latinoamericano, decía:

> Dos factores, entre otros, condicionan la resistencia a una reflexión valiente sobre las dimensiones éticas del evangelio en América Latina. Por un lado, la urgencia de la tarea evangelizadora y la misión entre las vastas masas paganizadas de nuestras repúblicas, ha llevado a algunos al delirio cuantitativo, hasta el punto de que consideran ocioso e innecesario todo esfuerzo de autocrítica de la iglesia a la luz de la Palabra. Por otro lado, la situación de minoría en ascenso social ha creado preocupación por «ocupar el

terreno ganado» o mantenerlo. La reflexión ética bien podría hacer peligrar las posiciones adquiridas.[1]

A pesar de este lamentable dato de la realidad evangélica latinoamericana, es posible detectar también un auténtico proceso de crecimiento y vitalidad en la mayor parte de las iglesias. El clima de un avivamiento espiritual generalizado, junto con las evidencias de un derramamiento poderoso del Espíritu Santo en esta generación, están alentando nuevas esperanzas de mayores conquistas para la gloria de Cristo. Creyentes e iglesias van dejando de lado actitudes defensivas, y se van comprometiendo con coraje creciente en la lucha contra el Reino de las tinieblas. Cristianos que permanecían tímidamente callados y avergonzados frente a un mundo sumido en pecado y maldad, se están vistiendo su armadura (Efesios 6.10-17) y llenos del Espíritu Santo están saliendo al campo de batalla cotidiano, para tomar la victoria que les pertenece en Cristo Jesús.

Muchas congregaciones que por décadas se contentaron con ser «un pequeño pueblo muy feliz», se están proponiendo ganar a miles de almas para Cristo. Iglesias que por años se movieron sobre la base de sus posibilidades, ahora descansan en el poder de Dios para cumplir con su misión. Atrevimiento, valor, denuedo, esfuerzo y tesón no son virtudes ajenas a muchos hijos e hijas de Dios, que llenos del Espíritu de Cristo brillan como luminares en el mundo. Si en otro tiempo se escuchaba a los creyentes decir, frente a los desafíos del mundo: «No podremos...», hoy cada vez más se escuchan las voces de aquellos que dicen: «Subamos luego, y tomemos posesión de ella; porque más podremos nosotros que ellos» (Números 14.30).

Hoy el Señor está dando a la iglesia, en muchas partes del continente latinoamericano, un crecimiento como esta no conoció desde el día de Pentecostés. Es más, conforme a la promesa bíblica, es de esperar que el crecimiento de la

---

[1] Escobar, «El Reino de Dios», pp. 127-128.

iglesia de Cristo hoy sea proporcionalmente muy superior al experimentado por la iglesia de los días neotestamentarios. No cabe duda que en este proceso inédito de crecimiento, las iglesias pentecostales, carismáticas, las pertenecientes a la «tercera ola» y el cristianismo posdenominacional han tenido y tienen un papel fundamental. Consideremos algunos hechos.[2]

El crecimiento de ayer

El libro de los Hechos registra el episodio singular del advenimiento del Espíritu Santo sobre los primeros cristianos en el día de Pentecostés y el explosivo crecimiento que experimentó la primera iglesia en Jerusalén. Capítulo tras capítulo, Lucas va mostrando la expansión del evangelio en todas las esferas de manera continuada y creciente.

Tres etapas en la mision apostólica

TRES ETAPAS	FIGURAS CENTRALES HECHOS PRINCIPALES - PROGRESO
1. Testimonio «en Jerusalén» (Hechos 1–5)	TESTIMONIO A JUDÍOS Y PROSÉLITOS Los Doce, con Pedro y Juan como centrales. Sus oyentes eran hombres que provenían de las 14 áreas nombradas, 5 en oriente y 2 en África. Tres mil se convirtieron en un día. Los números pronto ascendieron a cinco mil.
2. Testimonio «en toda Judea» (Hechos 6—12)	EL TESTIMONIO SE EXTIENDE A LOS SAMARITANOS, GENTILES, ADHERENTES Y PAGANOS (a) Los Siete, con Esteban y Felipe como centrales. Esteban fue martirizado y los líderes esparcidos por Judea y Samaria.

---

[2] La información estadística para esta presentación está tomada básicamente de Barrett, *The World Christian Encyclopedia*, 1-104; y Patrick Johnstone, *Operation World*, Zondervan, Grand Rapids, 1993.

¿Qué podemos esperar?

(b) Pedro en Judea (Lida y Jope) y Samaria (Cesarea). Pedro bautiza a un soldado romano que era adherente del judaísmo y a su familia.

(c) Algunos de aquellos que habían sido esparcidos llegan a Antioquía, donde chipriotas y cirenaicos comienzan a predicar a los paganos

3. Testimonio «hasta lo último de la tierra» (Hechos 13–28)

LA MISIÓN GENTIL
Profetas y maestros de Antioquía comisionan a Bernabé y Pablo.
Pablo es central.
Los tres viajes misioneros de Pablo, su arresto en Jerusalén, su defensa en Cesarea y su arribo a Roma.

Cuando Jesús nació, habitaban el planeta 169.700.000 seres humanos. De estos, 120 fueron llenos del Espíritu Santo en Pentecostés. En aquel día, por su predicación se les agregaron 3.000 personas. Es decir, para el año 33 de nuestra era, había aproximadamente unos 3.200 creyentes en el mundo. Como resultado del testimonio de estos cristianos a lo largo de los años que siguieron, la comunidad de los redimidos llegó a sumar casi un millón de almas hacia fines del primer siglo. En el año 100 la humanidad totalizaba 181.500.000 personas. Los creyentes eran apenas un 0.6% de ese total. Para el año 500 la población mundial era de 193.400.000 habitantes, mientras que los cristianos ya representaban el 22.4% de la misma, o sea, 43.400.000 personas. En plena Edad Media (año 1000) la humanidad trepó a 269.200.000 seres, de los cuales 50.400.000 eran cristianos (el 18.7%). En tiempos de Lutero, el mundo tenía 425.300.000 habitantes, de los cuales 81.000.000 eran cristianos (el 19.0%).

El siglo XVI, caracterizado por la expansión colonial de las grandes potencias cristianas, significó el agregado de enormes multitudes a las filas cristianas. A la cabeza de la expansión misionera colonial estaban los reinos católicos (España y Portugal). Hacia fines de ese siglo, otras potencias ocuparon su lugar hegemónico. Esta vez, se trataba de países protestantes, como Inglaterra y los Países Bajos. Continentes enteros fueron expuestos al evangelio como resultado de la expansión imperialista europea: América Latina, África, Asia y Oceanía.

Sin embargo, un crecimiento mayor y una extensión más importante del cristianismo ocurrió durante el siglo XIX. Los sistemas coloniales de las naciones occidentales europeas fueron el factor que más contribuyó para la expansión misionera. Los imperios coloniales de Francia, Inglaterra, Alemania, Bélgica, Italia, Holanda e incluso los Estados Unidos fueron los vehículos para la difusión del evangelio en los territorios sometidos bajo su control. Hacia 1800 el mundo contaba con 902.600.000 habitantes, de los cuales 208.200.000 se confesaban cristianos (un 23.1%). Cien años más tarde (1900) la población mundial había crecido a 1.619.900.000 personas, con una comunidad cristiana de 521.600.000 creyentes, o sea, un 34.4%. Esto es lo que llevó a Kenneth S. Latourette a calificar el siglo XIX como «el Gran Siglo» de la expansión del cristianismo.[3]

Hacia fines del siglo XIX había muchos cristianos que con gran optimismo predecían que el siglo siguiente sería el «Siglo Cristiano». Con este nombre comenzó a publicarse una revista cristiana (*Christian Century*, fundada en 1884), que anticipaba que el Reino de Cristo dominaría el mundo para el año 2000. Sin embargo, por aquel entonces no había siquiera indicios del surgimiento de dos de los movimientos cristianos de crecimiento más rápido y explosivo que se hayan conocido en toda la historia del cristianismo: el pentecostalismo y el movimiento carismático. Tampoco se podía anticipar el despertar espiritual que en los últimos años está conmoviendo a casi todas las denominaciones evangélicas históricas y tradicionales en todo el mundo.

---

[3] Kenneth S. Latourette, *A History of the Expansion of Christianity*, vol. 5: *The Great Century: The Americas, Australasia and Africa, A.D. 1800-A.D.1914*, Zondervan Publishing House, Grand Rapids, 1970.

El segundo crecimiento

Dentro del marco escatológico que envuelve los anuncios del profeta Joel en el capítulo dos de su libro, hay promesas de Dios que hablan de cosas «grandes». «Alégrate mucho, tierra, y no tengas miedo, porque el Señor va a hacer grandes cosas» (2.21, V.P.) En su visión del derramamiento del poder de Dios en los tiempos finales, Joel captó imágenes de abundancia y gran productividad (v. 22). La reproducción y fertilidad es de tal grado, que la alegría que produce la pletórica cosecha es desbordante: «¡Alégrense ustedes, habitantes de Sión, alégrense en el Señor su Dios! Él les ha dado las lluvias en el momento oportuno, las lluvias de invierno y de primavera, tal como antes lo hacía» (v. 23, V.P.) La cornucopia rebosa de frutos exquisitos, como nunca antes se habían conocido. «Habrá una buena cosecha de trigo y gran abundancia de vino y aceite» (v. 24, V.P.)

Con relación a la iglesia de Cristo, estas promesas de abundancia encontrarán su cumplimiento como anticipo del cierre de la historia y del glorioso retorno del Señor. En la opinión de muchos cristianos, este crecimiento asombroso del pueblo de Dios, estas «grandes cosas» y «abundancia», están ocurriendo durante esta generación, y en buena medida, a través de los movimientos evangélicos más recientes.

Las estadísticas parecieran respaldar estas observaciones. En su obra monumental, *The World Christian Encyclopedia*, su editor, David B. Barrett, nos presenta un cuadro sumamente alentador. Este libro presenta los resultados del censo más exhaustivo que se haya hecho jamás sobre la situación religiosa en el mundo. Las estadísticas que presenta Barrett para los últimos años indican que el crecimiento de la fe cristiana es impresionante.

En 1980, la población del mundo era de 4.373.900.000 habitantes. De todos estos 1.432.700.000 eran cristianos, o sea, el 32.8% de la población mundial total. En los Estados Unidos solamente había en aquel año 161.000.000 cristianos, congregados en 2.050 denominaciones diferentes. No obstante, a lo largo del presente siglo, el protestantismo norteamericano decayó, ya que de constituir los dos tercios de la población cristiana hacia 1900, pasó a menos de un tercio en la última década. Algo similar ocurrió en Europa. En 1900, dos tercios de todos los cristianos vivían en Europa occidental y Rusia, mientras que para el año 2000 tres quintos de los creyentes vivirán en África, Asia y América Latina. Los cristianos occidentales (mayormente americanos y europeos blancos) abandonan la fe a razón de 7.600 personas *por día*. Esta es la razón por la que muchos consideran que Europa y los Estados Unidos son los campos misioneros más necesitados del evangelio de Jesucristo en el día de hoy. Evidentemente, el centro de gravedad de la fe cristiana se ha movido al Mundo de los Dos Tercios, donde vive más del 50 por cierto de todos los cristianos de hoy y el 70 por ciento de los evangélicos.[4]

Mientras la fe cristiana parece perder su poder e influencia en el hemisferio norte, tal no es el caso en el Mundo de los Dos Tercios. En África, un promedio de 4.000 personas por día se convierte a la fe de Cristo, mientras que otros 12.000 se agregan a las iglesias simplemente por crecimiento vegetativo. En África se encuentra la iglesia de crecimiento más rápido en todo el mundo. En Lagos, Nigeria, la iglesia Deeper Life Bible Church, pastoreada por William Kumuyi, congrega en sus cultos dominicales de adoración hasta 74.000 adultos, con una congregación infantil de 40.000 niños en un edificio separado al otro lado de la calle. Esta iglesia local tiene unos 100.000 miembros, pero está ligada a otras 4.500 congregaciones en Nigeria y otras iglesias en 35 países Áfricanos.

En Asia se vive uno de los avivamientos más extraordinarios de la historia cristiana, especialmente en Corea, donde la tasa de crecimiento anual es del 6.6%. Dos tercios de este crecimiento es por conversión y no por incremento

---

[4] Bryant Myers, «What's Going On?», *MARC Newsletter*, n. 94-3, setiembre de 1994, p. 3.

¿Qué podemos esperar?

vegetativo. De continuar este proceso, el 42% de la población coreana será cristiana para fines de siglo. La gran mayoría de las iglesias más pujantes en Corea son pentecostales, carismáticas o identificadas con la «tercera ola» y el cristianismo posdenominacional.

Algo similar ocurre en toda la Cuenca del Pacífico (Taiwan, Hong Kong, Filipinas, Indonesia) y especialmente en China continental. En toda esta parte del globo, densamente poblada, se está experimentando un profundo crecimiento y, si bien todavía los cristianos representan una minoría religiosa, la región se está transformando en un centro de envío misionero y ofrenda compasiva. Hacia fines de la década de 1980, se estimaba que en Asia del este (China, Japón y Corea) ya había 80 millones de cristianos, el 80% de los cuales eran pentecostales y carismáticos. El caso de China es digno de destacar. Cuando los comunistas tomaron el poder en 1949 había 3 millones de cristianos en China. Se dice que para 1980, los creyentes se habían multiplicado por diez (30 millones), a pesar de las terribles persecuciones bajo la Revolución Cultural. Hay quienes dicen que en la actualidad hay en China más de 50 millones de cristianos. Nuevamente, la mayor parte de ellos responde a un perfil religioso de corte pentecostal-carismático o independiente, y se congregan en iglesias caseras y clandestinas.

En la Unión Soviética, si bien 137 millones se confiesan como no religiosos o ateos, alrededor de 100 millones son cristianos fieles. Y esto a pesar de ochenta años de prédica ateística y persecución abierta bajo el régimen comunista. Incluso en los países musulmanes del Cercano Oriente y el norte de África, miles de jóvenes abrazan la fe cristiana en forma clandestina. El mensaje les llega a través de numerosas audiciones radiales transmitidas por onda corta desde países cristianos.

América Latina es el continente con el mayor número de cristianos, con una transformación dramática en proceso, ya que el continente está cambiando de una cristiandad católica romana a una protestante evangélica a pasos agigantados.

Precisamente, el rápido crecimiento de las iglesias evangélicas en el continente ha llevado a algunos misionólogos e incluso a sociólogos a pensar que la región se está tornando protestante. Un análisis de la información disponible indica que no falta mucho para que los protestantes lleguen a constituir la mayoría religiosa en algunos países. Si las tasas de crecimiento de años recientes continúa, Guatemala tendrá una mayoría de protestantes alrededor del año 2001. Chile, Puerto Rico y Haití tendrán mayorías protestantes en unos 14 ó 15 años.

PAÍS	% PROTESTANTE EN 1993	SE DUPLICARÁ EN...
Puerto Rico	28	15 años
Chile	27	14 años
Haití	26	14 años
Guatemala	24	8 años
Brasil	21	10 años
El Salvador	21	12 años
Nicaragua	17	9 años
Panamá	17	8 años
Honduras	11	12 años
Costa Rica	11	8 años
Bolivia	9	8 años
Argentina	8	12 años
Perú	7	9 años
República Dominicana	6	10 años
Paraguay	6	9 años
Venezuela	5	7 años
México	5	10 años
Colombia	4	16 años
Ecuador	4	8 años
Uruguay	4	22 años
Cuba	3	12 años

Tomado de Johnstone, Operation World.

¿Qué podemos esperar?

Además, nunca como hoy la Palabra de Dios ha estado disponible en tantos idiomas y dialectos del mundo. De los 8.990 grupos lingüísticos o étnicos que hay en el mundo, 6.860 cuentan con la Biblia o una porción de la misma en sus propias lenguas. Hacia 1990 se publicaban 47.700.000 de Biblias por año y 70.200.000 Nuevos Testamentos por año. El número de porciones bíblicas era de 550 millones, mientras se imprimían 4.000 millones de folletos evangelísticos. De igual modo, las publicaciones cristianas han alcanzado niveles asombrosos. Para 1990 se publicaban 22.000 títulos cristianos nuevos por año con un tiraje de 200 millones de copias. Para entonces, ya había en funcionamiento más de 13.000 librerías cristianas en el mundo. Además de los libros y otros materiales, se producían más de 22.000 revistas o periódicos cristianos.

El mensaje no solo se difunde por la página impresa, sino también a través de los medios masivos de comunicación. En 1990, la audiencia regular de programas de radio y televisión era de 1.100 millones de personas. Para entonces, había en el mundo 710 millones de aparatos de televisión y 1.500 millones de radios. Aproximadamente 1.000 millones de personas oyen el evangelio por radio todos los meses. Muchas de estas emisiones se hacen por onda corta, lo que permite alcanzar con la Palabra a los rincones más remotos del planeta. Por primera vez en esta generación, ya en varias oportunidades, el evangelio ha sido predicado por televisión vía satélite *a todo el mundo.* ¡No hay lugar de la tierra que no haya sido alcanzado con el mensaje de salvación!

En 1985 la población mundial era de 4.781.100.000 seres, con un porcentaje de cristianos del orden del 32.4%, o sea, 1.548.600.000 personas. Esta cifra se incrementa asombrosamente, de manera especial en el Tercer Mundo, en los últimos años. Hacia 1990, ya había en el mundo más de 1.700 millones de cristianos, de los cuales 1.100 millones eran practicantes y 1.000 millones eran urbanos. Estos creyentes se reunían en 2.500.000 centros de adoración, pertenecientes a 22.300 denominaciones diferentes. Para ese año, el número de pastores ordenados llegaba casi al millón, con 4.100.000 obreros cristianos de tiempo completo y un total de 262.300 misioneros extranjeros.

El mayor crecimiento de la fe cristiana se está dando entre los grupos caracterizados como «iglesias nativas no blancas y sin lazos con las juntas misioneras occidentales». Es decir, congregaciones independientes de compromisos denominacionales con las iglesias históricas, de fuerte perfil nacional, la mayor parte de ellas de carácter pentecostal o carismático, y ubicadas en los países del Mundo de los Dos Tercios. Para el año 2000, estas iglesias van a contar con una membresía de alrededor de 155 millones de personas. Se estima que para entonces la población mundial será de 6.259.600.000 personas, y los cristianos llegarán a ser 2.019.900.000 personas (un 32.3%).

SITUACIÓN DEL CRISTIANISMO EN EL MUNDO (1995)

Año:	1900	1970	med-1995	2000	2025
Población mundial:	1.619.886.800	3.697.849.000	5.759.276.000	6.228.254.000	8.472.446.000
Total de cristianos:	558.056.300	1.246.173.000	1.939.419.000	2.119.342.000	3.051.179.000
Cristianos en A. L.:	60.025.100	268.402.000	451.175.000	489.251.000	675.205.000

Según David B. Barrett. Reproducido del International Bulletin of Missionary Research (enero 1996).

Según David Barrett, «durante el presente siglo, el cristianismo se ha transformado en la primera religión verdaderamente universal en la historia del mundo, con avanzadas nativas en todas las naciones y entre muchas tribus inaccesibles». El cristianismo era la religión más numerosa del mundo hacia mediados de 1995, seguida por el islamismo (1.057.599.000), el hinduísmo (777.372.000), el budismo (341.096.000) y el judaísmo (13.543.000). Barrett calcula que todos los días hay un incremento global neto de

64.000 cristianos en el mundo, ¡sólo por vía vegetativa! Si a esta cifra se agrega el número de conversiones del paganismo u otras religiones, el total alcanza a casi los 80.000 nuevos cristianos diarios. Estos totales son netos, es decir, son el resultado de restar al incremento obtenido aquellos que mueren todos los días o abandonan las iglesias.

De todas las denominaciones cristianas (a mediados de 1995), los católicos romanos eran los más numerosos con 1.052.116.000 fieles (18.5% del total), seguidos por los protestantes y anglicanos con 412.106.000 miembros (7.9%), y los ortodoxos orientales con 189.617.000 fieles (2.8%). Dentro del protestantismo, el grupo de mayor crecimiento, como ya se ha indicado, son los pentecostales, que en 1980 contaban con 51.167.000 miembros, ¡a tan solo 75 años del nacimiento histórico del movimiento! Para entonces, el movimiento carismático, con solo veinte años de vida, totalizaba 106.000.000 de fieles en toda la cristiandad. Estas cifras son sorprendentes si se toma en cuenta que para aquel entonces, los totales de otros grupos protestantes históricos eran: anglicanos 49.804.000, bautistas 47.550.000, luteranos 43.360.000, presbiterianos 40.209.000, y metodistas 29.782.000. A mediados de 1995, el total de pentecostales y carismáticos en el mundo ascendía a 463.741.000 creyentes, y se espera que su número ascienda a 560.474.000 fieles.

En 1900 no había una sola iglesia pentecostal en el mundo. Se estima que en el presente los pentecostales-carismáticos superan los 500 millones de fieles. Estos grupos constituyen las iglesias de crecimiento más rápido y explosivo de los últimos tiempos. A su vez, los pentecostales-carismáticos constituyen el sector del cristianismo de mayor influencia tanto hacia afuera como hacia adentro de las filas cristianas. David B. Barrett señala sobre el particular:

> No es de sorprender que sus estandartes de un cristianismo poderoso —caracterizado por la intercesión de poder, un ministerio de poder, una sanidad de poder, una evangelización de poder, y confrontaciones de poder— han llegado a ser ampliamente conocidos en la mayor parte del mundo.

Tales señales y prodigios se han esparcido ampliamente por ósmosis a lo largo del mundo, filtrándose silenciosamente en los países comunistas, rejuveneciendo instituciones eclesiásicas moribundas, puenteando regímenes hostiles, etc.[5]

¿Será este el tiempo del segundo gran crecimiento anunciado por el profeta? ¿Estamos preparados para recibir con fe y entusiasmo el crecimiento que Dios quiere dar a sus iglesias, según indica su Palabra? En Hechos 2.47 leemos que «el Señor añadía cada día a la iglesia los que habían de ser salvos». En Colosenses 2.19, Pablo afirma que el cuerpo de Cristo, su Iglesia, «crece con el crecimiento que da Dios». Y la misma idea de crecimiento provocado por el Señor se ve en Efesios 4.15-16, donde el apóstol nos exhorta, diciendo: «Siguiendo la verdad en amor, crezcamos en todo en aquel que es la cabeza, esto es, Cristo, de quien todo el cuerpo, bien concertado y unido entre sí por todas las coyunturas que se ayudan mutuamente, según la actividad propia de cada miembro, recibe su crecimiento para ir edificándose en amor». El Señor prometió que «va a hacer grandes cosas» y que habrá «una buena cosecha ... y gran abundancia». ¿Seremos capaces de aceptar el cumplimiento de estas promesas por fe, en la presente generación?

Las dos lluvias

Una enfermedad que caracteriza a aquellos que se dedican al estudio del pasado es el pesimismo. En algunos casos, este pesimismo viene acompañado de otro mal, que es el relativismo. Para muchos historiadores, el devenir humano es una suma de contradicciones y los valores por los que se vive y muere son tan cambiantes e inestables como el carácter humano mismo. Una lectura rápida e irreflexiva del pasado, fácilmente nos aproxima a una conclusión negativa

---

[5] Barrrett, «Tracking Megatrends in Missions», p. 32.

respecto del desarrollo espiritual y moral de la humanidad. Y tanto más, cuanto más nos acercamos a este presente caótico en el que nos toca vivir. Es como si de pronto todo lo malo y perverso que la memoria humana hubiese acumulado se destapara, y en esta generación afloraran todos los males del mundo. Quizás nunca como hoy los seres humanos hayamos sido tan conscientes de la profundidad del pecado y de la crisis disolvente que nos asedia.

No obstante, nunca como hoy ha habido un sentido de responsabilidad tan grande por parte de los cristianos en todo el mundo por dar a conocer las buenas nuevas del evangelio. Esto es especialmente cierto entre los creyentes del Mundo de los Dos Tercios. El número de agencias misioneras y de agentes de misión está creciendo de manera sorprendente. En 1980 había 13.238 misioneros del Mundo de los Dos Tercios. Para 1988 ya eran 35.924, que servían a través de 1094 agencias misioneras. Esto representó un crecimiento de un 13.29% por año, lo que suma un total del orden del 248% en un período de diez años. Si esta tasa se sigue manteniendo, esto significará que para el año 2000 habrá más de 100.000 misioneros del Mundo de los Dos Tercios evangelizando el mundo.[6]

No obstante, desde los días de los apóstoles, la historia humana no registra un despertar espiritual tan universal y generalizado como el que se está desarrollando en nuestros días, especialmente en América Latina. Muchas iglesias están tomando en serio las palabras de Jesús y están aprendiendo a actuar con más atrevimiento en su nombre. Los creyentes cada vez más están descubriendo el significado de una vida abundante y victoriosa. El pueblo de Dios está renunciando a los recursos carnales para cumplir su compromiso de extender el Reino de Dios, y está apelando en mayor grado a los recursos y poder del Espíritu Santo para hacer la obra. Cada vez son más numerosos los cristianos

---

[6] Luis Bush, «From All the World to the Two-Thirds World», *World Evangelization* 16 (setiembre-octubre 1989): 15.

que reciben y ejercen los dones del Espíritu Santo, mientras que se unen en una alabanza más ferviente y viva al Señor.

Las lluvias y su significado

En su profecía acerca de los últimos tiempos, el profeta Joel habla de dos lluvias: «¡Alégrense ustedes, habitantes de Sión, alégrense en el Señor su Dios! Él les ha dado las lluvias en el momento oportuno, las lluvias de invierno y de primavera, tal como antes lo hacía» (Joel 2.23, V.P.)

Esta promesa tiene como trasfondo el sistema de lluvias de Palestina en aquel tiempo, sistema que en general se mantiene hasta nuestros días. Dios había prometido a su pueblo: «Yo haré que vengan a su tiempo las lluvias de otoño y las de primavera, para que ustedes cosechen su trigo y tengan vino y aceite» (Deuteronomio 11.14, V.P.) Esta promesa del Señor era alentadora y llenaba de esperanza a Israel, ya que la lluvia «temprana» (Reina-Valera, 1960) era la lluvia necesaria para la siembra, que caía en la estación otoñal en Palestina, para la cosecha de trigo que se levantaba en el invierno. Era imprescindible tener una buena lluvia en este momento del año para que las semillas germinaran y la cosecha resultara abundante.

La lluvia «tardía» (Reina-Valera, 1960) caía en la primavera, justo antes de la cosecha y era muy esperada ya que sin ella las mieses no madurarían para la siega. Cuando la lluvia tardía terminaba, comenzaba la siega con gran regocijo. Una buena cosecha garantizaba un año de abundancia, seguridad y libre del hambre. Esta celebración de la cosecha, conocida por su nombre en griego como *Pentecostés*, venía después de la recolección de las mieses. Con el tiempo, llegó a ser la fiesta más alegre del calendario judío. El canto y la danza llenaban la tierra, mientras el pueblo se regocijaba en la abundancia de la cosecha dada por el Señor.

Los pasajes bíblicos citados con relación a las dos lluvias tienen un profundo *significado profético*, que haríamos bien no sólo en procurar entenderlo, sino también en aplicarlo a nuestras vidas individuales y a la vida de nuestra comunidad de fe. El alcance profético de estas dos lluvias, la temprana y la tardía, va más allá de un fenómeno meteorológico, físico y regional de Palestina en un momento dado. En Oseas se nos dice que «el Señor vendrá a nosotros, tan cierto como que sale el sol, tan cierto como que la lluvia riega la tierra en otoño y primavera» (Oseas 6.3, V.P.) En Proverbios, la Palabra vuelve a declarar que «su buena voluntad es como nube de lluvia» (Proverbios 16.15, V.P.; «lluvia tardía» en Reina-Valera, 1960). En Zacarías 10.1 se nos exhorta: «Pídanle al Señor lluvias de primavera» (lluvias en la estación tardía, RVR).

En el Nuevo Testamento, la lluvia temprana y la lluvia tardía están relacionadas con la promesa de la Segunda Venida de Cristo y el fin del presente siglo. Santiago enfatiza esto cuando escribe: «Pero ustedes, hermanos, tengan paciencia hasta que el Señor venga. El campesino que espera recoger la preciosa cosecha, tiene que aguardar con paciencia las temporadas de lluvia («la lluvia temprana y la lluvia tardía», RVR). Ustedes también tengan paciencia y manténganse firmes, porque muy pronto volverá el Señor» (Santiago 5.7-8, V.P.)

El pasaje de Santiago claramente implica que antes que regrese el Señor es necesario que vengan «la lluvia temprana y la lluvia tardía». En este sentido, la promesa y anuncio de estas lluvias no solo tiene un significado profético sino también un *significado histórico*. En otras palabras, estos derramamientos de bendiciones celestiales se dan dentro de un determinado marco espacio temporal, en una estación específica o como registra Joel, «en el momento oportuno». En la economía de Dios, hay momentos en los que Él desea hacer llover sobre su pueblo para que este recoja una cosecha abundante. Estos tiempos de lluvia refrescante y nutriente son tiempos de avivamiento espiritual y de derramamiento poderoso del Espíritu Santo.

Muchos serios observadores del cristianismo contemporáneo creen que el desarrollo de la renovación pentecostal-carismática de nuestros días es parte del cumplimiento de estas promesas. Recientemente, David B. Barrett ha señalado que en 1970 los pentecostales-carismáticos totalizaban 74 millones, mientras que en 1980 ya eran 158 millones, para llegar en 1989 a sumar 352 millones en todo el mundo y trepar a 464 millones en 1995. Según él: «No es de sorprender, que sus credenciales de un cristianismo de poder —caracterizado por una intercesión de poder, un ministerio de poder, una sanidad de poder, un evangelismo de poder, una confrontación de poder— han llegado a ser ampliamente conocidas en casi todo el mundo. Tales señales y maravillas se han esparcido mayormente por ósmosis por todo el mundo, filtrándose silenciosamente a través de los países comunistas, rejuveneciendo instituciones eclesiásticas moribundas, flanqueando regímenes hostiles, etc».[7]

Las lluvias temprana y tardía tienen también un *significado escatológico*. La lluvia tardía y la *abundante cosecha* que ella produciría precederán el retorno del Señor a la tierra. La promesa de Dios a través de su profeta no quedará sin un cumplimiento total antes del fin de los tiempos. «Así como la lluvia y la nieve bajan del cielo, y no vuelven allá, sino que empapan la tierra, la fecundan y la hacen germinar, y producen la semilla para sembrar y el pan para comer, así también la palabra que sale de mis labios no vuelve a mí sin producir efecto, sino que hace lo que yo quiero y cumple la orden que le doy» (Isaías 55.10-11, V.P.) El derramamiento del Espíritu Santo en los días previos a la Segunda Venida de Cristo producirá tal germinación de la Palabra de Dios en los corazones humanos, que la abundancia de la cosecha final será sorprendente.

Las lluvias y su desafío

La lluvia temprana o de invierno ya ha caído sobre la tierra. La iglesia cristiana brotó como resultado de esta visitación refrescante del Espíritu Santo a partir de Pentecostés.

---

[7] David B. Barrett, «Tracking Megatrends in Mission», *World Evangelization*, 16 mayo-junio 1989, p. 32.

¿Qué podemos esperar?

Desde aquel primer chaparrón en Jerusalén, una y otra vez los creyentes se vieron empapados por la gracia de Dios y con denuedo testificaron del evangelio. Las señales de la presencia del Reino de Dios acompañaron ese testimonio, mientras «el Señor añadía a la iglesia los que iban siendo salvos» (Hechos 2.47, V.P.)

Luego, durante varios siglos, la iglesia sufrió la aridez del desierto espiritual y la falta de verdor y fruto. Poco a poco el testimonio victorioso de los cristianos se fue enredando con los intereses mundanos, la ambición de poder y la pérdida de una fe bíblica. Por siglos, muchos cristianos estuvieron clamando como el salmista: «¡Señor, haz que cambie de nuevo nuestra suerte, como cambia el desierto con las lluvias!» (Salmo 126.4, V.P.). Parecía como que toda semilla que se sembraba caía en el yermo y no resultaba en el fruto esperado. Pero Dios fue preparando el terreno primero, y luego anticipando un nuevo derramamiento de su lluvia refrescante y vital, la «lluvia tardía» o «lluvia de primavera».

Esta lluvia, que hace brotar retoños en abundancia y produce frutos increíbles, es la lluvia de los tiempos postreros y anticipadora del retorno de nuestro Señor. Dado que Joel sugirió que la lluvia temprana sería derramada «moderadamente», es de suponer que la lluvia tardía será mucho más grande que la primera. Si Pentecostés fue la experiencia que empapó a la iglesia de poder celestial para el cumplimiento de su misión durante el primer siglo, la lluvia de primavera de los últimos tiempos debe saturar a la iglesia de la gloria de Dios y llenarla de frutos *como nunca antes en la historia del cristianismo*.

Hoy hay millones de creyentes en el mundo que creen que la iglesia está comenzando a recibir la «lluvia tardía». No son pocos los que están convencidos de que la «lluvia de primavera» está regando todo el planeta con una unción poderosa del Espíritu Santo. Jesús prometió con claridad: «Les aseguro que el que cree en mí hará también las cosas que yo hago; y hará otras todavía más grandes, porque yo voy a donde está el Padre» (Juan 14.12, V.P.) Esta promesa se está cumpliendo hoy a través de los grandes milagros y señales que Dios está obrando por medio de su pueblo y por el poder del Espíritu Santo. Estas «obras todavía más grandes» son también un anticipo del retorno de Cristo y forman parte de la lluvia tardía que antecede la gran cosecha.

La iglesia contemporánea está redescubriendo el poder del Espíritu Santo. Los dones del Espíritu están comenzando a ser ejercidos en las congregaciones locales y los creyentes están abandonando un espíritu de derrota para asumir la victoria que les pertenece en Cristo Jesús. Las cadenas con que Satanás tenía ligados a los cristianos y a las iglesias se están rompiendo, y estos dejan de lado una actitud defensiva para atacar en el nombre de Jesús los bastiones demoníacos y el Reino de las tinieblas. Una nueva vitalidad y fertilidad comienza a percibirse en muchos creyentes e iglesias, a medida que las gotas de la lluvia de primavera van mojándoles.

La esposa de Cristo ya no está llorando su viudez, sino que con gozo y victoria está gritando su alegría ante el inminente y próximo retorno de su Esposo. La profecía se está cumpliendo: «Da gritos de alegría, mujer estéril y sin hijos; estalla en cantos de gozo, tú que nunca has dado a luz, porque el Señor dice: "La mujer abandonada tendrá más hijos que la mujer que tiene esposo". Agranda tu tienda de campaña, extiende sin miedo el toldo bajo el cual vives; alarga las cuerdas, clava bien las estacas, porque te vas a extender a derecha e izquierda; tus descendientes conquistarán muchas naciones y poblarán las ciudades ahora desiertas. No tengas miedo, no quedarás en ridículo; no te insultarán ni tendrás de qué avergonzarte. Olvidarás la vergüenza de tu juventud y no te acordarás más de la deshonra de tu viudez, porque tu creador te tomará por esposa. Su nombre es Señor todopoderoso; tu libertador es el Dios Santo de Israel, el Dios de toda la tierra» (Isaías 54.1-5, V.P.).

¿Qué podemos esperar?

Los dos avivamientos

Muchos hoy se preguntan dónde está Dios. La crisis total que nos envuelve por todas partes nos lleva a preguntarnos si el Señor no se ha desentendido de su creación y de la humanidad en estos últimos años del siglo XX. Las situaciones por las que atravesamos son tan calamitosas que, en la opinión de muchos, Dios ha desaparecido de la escena humana. Sin embargo, según otros, el Señor está hoy más activo que nunca y las evidencias de su poder son cada vez más extraordinarias. ¿Qué es lo que está sucediendo? ¿Cómo explicar el aumento del mal en nuestros días y a la vez dar razón del avivamiento espiritual que cada vez se hace más notorio? ¿Cómo discernir entre quienes verdaderamente pertenecen al pueblo de Dios y otros que están al servicio del reino de las tinieblas, pero se visten «como ángeles de luz»?

La Biblia nos enseña que, en los últimos días y antes del retorno de Cristo, se van a producir dos avivamientos de manera paralela. Por un lado, habrá un avivamiento del mal bajo la conducción de Satanás; y por el otro, un avivamiento espiritual alentado por Dios. Cada despertar procurará ganar la adhesión del mayor número de personas en el mundo. Los estudiosos de la Biblia se han preguntado a lo largo de los siglos acerca de estas profecías, que tienen que ver con los últimos tiempos. Sin embargo, nunca como hoy es posible entender lo que la Palabra de Dios enseña respecto a estos dos avivamientos. Lo señalado hasta aquí sobre el desarrollo del movimiento pentecostal-carismático puede ayudarnos a comprender mejor los textos bíblicos a la luz de la realidad histórica.

El avivamiento satanista

Muchos pasajes bíblicos indican que habrá una gran apostasía y claudicación de creyentes antes del fin de los tiempos. En 2 Tesalonicenses 2.3-4, Pablo habla del «hombre malvado», que aparecerá como el enemigo con la pretensión de ser mayor que Dios y de poner su trono en el templo de Dios. Este anticristo engañará a millones a través de su poder y con señales y milagros falsos (v. 9). Incluso, hará todo lo posible por convencer a los creyentes de que él es el Cristo, y habrá quienes caerán presa de su seducción. En su última carta, Pablo vuelve a advertir acerca de la situación que se planteará en los tiempos postreros. En 2 Timoteo 3.1-5, el apóstol señala: «También debes saber esto: que en los postreros días vendrán tiempos peligrosos. Porque habrá hombres amadores de sí mismos, avaros, vanagloriosos, soberbios, blasfemos, desobedientes a los padres, ingratos, impíos, sin afecto natural, implacables, calumniadores, intemperantes, crueles, aborrecedores de lo bueno, traidores, impetuosos, infatuados, amadores de los deleites más que de Dios, que tendrán apariencia de piedad, pero negarán la eficacia de ella».

En la Biblia hay muchos otros pasajes que tienen que ver con la terrible apostasía que vendrá en los últimos tiempos: Mateo 7; 1 Timoteo 4; 2 Pedro 2; Judas y Apocalipsis 17. Estos pasajes describen un período de la historia del cristianismo en el que el liderazgo espiritual será asumido por personas que se opondrán a todo lo que Cristo y su iglesia representan. A la cabeza de este avivamiento satánico estará la «trinidad impía» compuesta por la Bestia, el Falso Profeta y el Anticristo. Estas personalidades diabólicas son descritas detalladamente en Apocalipsis 19.20; 1 Juan 2.18-19; 4.3 y 2 Juan 7. Las tres trabajan en unidad en contra del Padre, del Hijo y del Espíritu Santo.

No cabe duda de que hoy confrontamos un avivamiento sin precedentes de la maldad en el mundo. La destrucción del matrimonio y la aniquilación de la familia son uno de los síntomas más claros del incremento de la maldad en nuestros días. El aumento de la promiscuidad sexual, el adulterio y la fornicación, junto con la salida a escena del movimiento homosexual y el aumento de la drogadicción hablan a las claras de cuán profunda es la crisis moral de esta generación. Ya son varias las denominaciones que han ordenado al ministerio a homosexuales activos. Incluso en

Estados Unidos se ha formado una denominación homosexual, que abiertamente promueve el homosexualismo entre cristianos profesantes. La invasión de misioneros del ocultismo en todas sus variantes, que se reproducen en miles de adeptos, está difundiendo de manera asombrosa la devoción y prácticas satanistas por todo el continente latinoamericano. El satanismo ha encontrado espacios en la radio, la televisión y los medios masivos haciendo que vastos sectores de la población caigan bajo el control demoníaco, y que el caos espiritual y moral se generalice. Cada día este avivamiento satánico se pone más al descubierto. Los servicios de «adoración» de este culto impío se celebran cotidianamente y a toda hora en las discotecas de moda, los teatros y cines con espectáculos pornográficos, y a través de las toneladas de materiales impresos obscenos. Cada hogar es una «iglesia casera» potencial para los ritos diabólicos de este movimiento. La televisión lleva y presenta toda la liturgia del avivamiento satánico a los hogares, donde tanto adultos como niños y adolescentes se convierten de a miles en paganos modernos. ¡Satanás está haciendo todo lo que puede para destruir a esta generación! ¡Nos encontramos en medio de un impresionante avivamiento de la maldad y el pecado en el mundo!

El avivamiento del Espíritu Santo

Hay un avivamiento de la maldad en proceso, y parece resultar triunfante. Pero la Biblia dice: «Cuando el pecado aumentó, Dios se mostró aun más bondadoso» (Romanos 5.20, V.P.). Es por eso que, si bien hay un avivamiento satánico en marcha, Dios no se está quedando con los brazos cruzados. Él está activo, a través de su Espíritu Santo, produciendo un maravilloso avivamiento espiritual. Los mismos pasajes bíblicos que hablan de la apostasía y de un avivamiento del mal en los días últimos, hablan también de un gran derramamiento del Espíritu Santo, que sobrepasará de lejos la obra de Satanás en el mundo.

Mientras muchos cristianos están arrinconados en una esquina llenos de temor y de vergüenza a la espera del retorno de Cristo, millones más están experimentando la renovación espiritual más grande que la iglesia cristiana haya conocido desde los días de los apóstoles. Mientras hay creyentes que se encierran dentro de sus templos para conservar su fe y cuidarse de no caer en tentación, otros llenos del Espíritu Santo se atreven a salir al mundo a testificar con denuedo de su fe, para arrancar de las garras de Satanás a cuantos puedan e introducirlos en el Reino de Cristo. Mientras algunos evangélicos están más afligidos por defender su identidad denominacional que por guardar su fidelidad al evangelio de Jesucristo, muchos otros están superando las obras de la carne y floreciendo con el fruto del Espíritu.

La Biblia enseña que ambos avivamientos (el satánico y el del Espíritu Santo) ocurrirán al mismo tiempo, pero que la gracia de Dios será la que obtendrá al fin la victoria. El avivamiento del Espíritu Santo se impondrá poderosamente sobre el crecimiento de la maldad e impiedad en el mundo.

La base bíblica para el avivamiento espiritual de los últimos tiempos se encuentra en la profecía de Joel, en el pasaje que Simón Pedro escogió para su célebre sermón en el día de Pentecostés (Hechos 2). Dice el profeta Joel: «Después de estas cosas derramaré mi espíritu sobre toda la humanidad: los hijos e hijas de ustedes hablarán de mi parte, los viejos tendrán sueños y los jóvenes visiones. También sobre siervos y siervas derramaré mi espíritu en aquellos días; mostraré en el cielo grandes maravillas, y sangre, fuego y nubes de humo en la tierra. El sol se volverá oscuridad, y la luna como sangre, antes que llegue el día del Señor, día grande y terrible» (Joel 2.28-31, V.P.)

Cuando Pedro terminó su sermón en el día de Pentecostés, 3.000 personas aceptaron a Cristo como Salvador y Señor, y se agregaron a la iglesia. Inmediatamente siguió una explosión de «muchos milagros y señales», dones del Espíritu Santo que conmovieron a Jerusalén (Hechos 2.43-47). Los creyentes perdieron el miedo a testificar de su fe y

¿Qué podemos esperar?

«anunciaban abiertamente el mensaje de Dios» (Hechos 4.31, V.P.) Los milagros de sanidad y liberación servían para autenticar el evangelio a los ojos del mundo incrédulo (Hechos 5.12-16). Aquellos cristianos no discutían las manifestaciones del poder de Dios. Se sometían en obediencia al señorío de Cristo y al control del Espíritu Santo, y servían como instrumentos humanos para la manifestación del poder divino.

En razón de tal demostración del poder de Dios, el cristianismo se esparció por todo el mundo conocido y, en menos de una generación, llegó a todos los estratos sociales, ganando incluso a gente «de la casa de César». Después de estos años de milagros poderosos, los dones del Espíritu comenzaron a declinar. Esto ocurrió especialmente durante los duros años de persecución (mediados del siglo III en adelante) y con la alianza de la iglesia con el estado a partir del emperador Constantino. Desde entonces, los creyentes se olvidaron de la admonición bíblica de que su obra «no depende del ejército, ni de la fuerza, sino de mi Espíritu, dice el Señor todopoderoso» (Zacarías 4.6, V.P.). La declinación en las manifestaciones poderosas del Espíritu no fueron el resultado de un cambio en la estrategia redentora de Dios, sino la consecuencia de la desobediencia y pérdida de la sujeción al señorío de Cristo por parte de los cristianos.

Si bien la iglesia primitiva vivió y sirvió bajo un verdadero diluvio del Espíritu Santo, de ninguna manera esa experienica fue el cumplimiento *total* de la profecía de Joel. El profeta en su visión recibió la palabra del Señor, que decía: «derramaré mi espíritu *sobre toda la humanidad*», y esta promesa no se ha cumplido hasta el presente. Cuando Pedro predicó en el día de Pentecostés todavía había vastas áreas habitadas del planeta que no habían sido descubiertas. De los 167 millones de habitantes que tenía la tierra en aquel entonces, apenas si 20 millones escucharon el evangelio durante el primer siglo. El cumplimiento absoluto de la profecía de Joel debía esperar hasta que «toda la humanidad» tuviese la oportunidad de escuchar el evangelio. ¡Y eso es lo que está ocurriendo en nuestra generación!

Es por eso que es posible que esta profecía encuentre su cumplimiento en los últimos años del presente siglo. El surgimiento del movimiento de renovación y despertar espiritual de las iglesias, en estas últimas décadas, debe ser interpretado a la luz de estas reflexiones. No cabe duda que el desarrollo y crecimiento de la renovación espiritual de las iglesias juegan un papel fundamental en la evangelización del mundo en la presente generación. Todos los continentes y pueblos del mundo están siendo alcanzados, de una u otra manera, con el mensaje del evangelio. Las promesas del Reino de Dios son de carácter universal y abarcan a toda la humanidad: «Entonces mostrará el Señor su gloria, *y todos los hombres* juntos la verán» (Isaías 40.5, V.P.). Pablo repite esta idea cuando dice: «Para que, al nombre de Jesús, doblen la rodilla *todos* los que están en los cielos, y en la tierra, y debajo de la tierra, y *todos* reconozcan que Jesucristo es el Señor, para honra de Dios Padre» (Filipenses 2.10-11, V.P.).

La renovación espiritual del cuerpo de Cristo está en marcha y se profundiza cada día. La meta de alcanzar a todo el planeta y a cada ser humano con el evangelio de Jesucristo para el año 2000 no parece inalcanzable ni utópica. El Espíritu Santo está activo y obra poderosamente en medio de su pueblo y a través de él. Quienes estamos comprometidos con una tradición teológica y eclesiástica tan rica y honrosa como la evangélica, tenemos todavía mucho que aprender en cuanto al obrar del Espíritu Santo. Pero nuestra fidelidad a la Palabra de Dios es una herencia que, avivada por el poder del Espíritu Santo, puede significar una gran contribución al desarrollo del Reino de Dios en esta generación.